応酬話法で学ぶ

融資渉外スキルアップ

聞き上手・提案上手の極意

東出経営研究所　**東出　泰雄**　[著]

株式会社　きんざい

はじめに

　多くの地域金融機関においては、預貸率の低下にみられるように、貸出の低迷に悩んでいる状況です。さらに問題なのは、住宅ローンや地方公共団体への貸出は伸びていますが、収益の柱たる中小企業貸出が減少していることです。これは、一時的な現象ではなく、日本経済の構造的な問題から生ずる長期的な傾向と思われます。では、この環境のなかで、どのようにして法人融資を開拓していけばよいのでしょうか。

　みなさんは、「融資開拓とは営業だ！」とばかりに、がむしゃらに融資セールスに走っていませんか。というのは、ロールプレイングによる訪問面談トレーニングを行ってみると、「何か資金ニーズはないか」「設備投資の予定はどうか」「取引行の借入残高や借入金利はいくらか」「決算書がいただければ、当行の戦略融資商品を検討します」といったような金融機関側の立場での一方的な営業姿勢が目立ちますが、これでは企業は魅力を感じません。営業熱意だけではなく、開拓に必要なスキル、ノウハウ、知識といった基本をしっかりと学習し身につけることが大切です。

　この本では、こうした基本について、コミュニケーションの取り方、企業力の目利きや経営課題を把握するためのヒアリング手法、ヒアリング情報をもとにした「貸せそうな企業かどうか」の見極め方、経営課題解決型のツール等の支援機能、融資審査に必要な融資・財務・業界の知識など多岐にわたり、実経験に基づく具体的な解説をしています。また、実際の折衝場面を想定したトーク事例や応酬話法事例をふんだんに盛り込みましたので、実践トレーニングに応用してスキル・ノウハウ等を体得してください。

　本書がみなさんの法人開拓スキルのいっそうの向上に少しでも資することになれば幸いです。

東出経営研究所　代表　東出　泰雄

目　次

Chapter 1
渉外担当者に求められる役割と資質

1　役　　割 ……………………………………………………………… 3
2　資　　質 ……………………………………………………………… 6

Chapter 2
新規開拓の苦手意識やネガティブ思考の打破

1　苦手意識やネガティブ思考の要因 ………………………………… 13
2　苦手意識やネガティブ思考の打破 ………………………………… 15

Chapter 3
訪問先のリストアップ

1　訪問先のリストアップ ……………………………………………… 21
2　訪問先の着眼点 ……………………………………………………… 22
3　医療法人の着眼点 …………………………………………………… 24

Chapter 4
訪問・面談前の事前調査・準備

1　事前調査 ……………………………………………………………… 29

2 事前準備 ……………………………………………………………… 33
3 面談に至るまでのプロセス ……………………………………… 35

Chapter 5
コミュニケーションのとり方と面談ポイント

1 初回訪問時の留意点 ……………………………………………… 41
2 面談の入り方 ……………………………………………………… 45
3 面談の姿勢 ………………………………………………………… 49
4 訪問段階に応じたヒアリング・折衝ポイント ………………… 53

Chapter 6
定性面のヒアリング・チェックポイント

1 定性面とは ………………………………………………………… 59
2 企業のライフサイクルのポイント ……………………………… 60
3 企業ヒストリーのポイント ……………………………………… 61
4 人的要素のポイント ……………………………………………… 63
5 事業活動の基本ポイント ………………………………………… 67
6 製造業のポイント ………………………………………………… 70
7 販売業のポイント ………………………………………………… 72
8 マーケティングのポイント ……………………………………… 74
9 取引先状況別の定性面のヒアリングと折衝ポイント ………… 76

Chapter 7
定量面のヒアリング・チェックポイント

1 定量面の情報 ……………………………………………………… 87
2 収益状況 …………………………………………………………… 87
3 納税状況 …………………………………………………………… 89
4 借入金状況 ………………………………………………………… 90
5 借入金利状況 ……………………………………………………… 91
6 従業員賞与・役員賞与・配当金の支給状況 …………………… 93
7 取引金融機関(特にメイン行)との関係 ……………………… 95
8 他の新規金融機関の攻勢状況 …………………………………… 96
9 その他 ……………………………………………………………… 97
10 計数のヒアリング方法 …………………………………………… 99

Chapter 8
課題解決型の機能・手法の提案

1 情報に対するアンテナを高める ………………………………… 103
2 公的機関の機能等の活用 ………………………………………… 104
3 「経営力向上 TOKYO プロジェクト」の活用 ………………… 113
4 TKC 全国会のセミナー活用 …………………………………… 115
5 民間情報の活用 …………………………………………………… 116
6 事業承継対策のアドバイス・支援と資金ニーズ ……………… 116
7 M&A (Merger & Acquisition) をサポートする ……………… 122
8 金融機関のビジネス・マッチング機能の活用 ………………… 125
9 経営力強化のために SWOT 分析の実施をアドバイスする … 127
10 損益分岐点売上高による経営改善目標の策定を支援する …… 129

| 11 | 販売先の信用リスク管理手法および危ない先との継続的取引の解消手順につき支援・アドバイスする | 133 |
| 12 | 経営者一族の個人ニーズに応える | 135 |

Chapter 9
課題解決の効果的プレゼンテーション事例

1	経営課題解決に役立つ人材が不足している	139
2	海外への進出を考えている	139
3	社内のIT化やIT人材の育成を図りたい	140
4	新たに販路を拡大したい	141
5	人材の活用・育成で悩んでいる	141
6	技術力はあるものの営業力が弱い	142
7	後継者難や会社の将来に確信がもてず事業承継に悩んでいる	142
8	技術的なアドバイスを受けたい	143
9	アンケートで商品開発をサポートする	144

Chapter 10
資金の種類とそのチェックポイント

1	経常運転資金	147
2	増加運転資金	149
3	工事代金引当つなぎ資金	150
4	決算資金	151
5	従業員賞与（ボーナス）資金	152
6	季節資金	152
7	在庫積増資金	153

| 8 | 他行の肩代り資金 | 153 |
| 9 | 設備資金 | 154 |

Chapter 11
資金ニーズ発掘の効果的アプローチとトーク事例

1	製造原価に占める外注費の割合が増加している	159
2	販売費・一般管理費の修繕費が多い	160
3	工場の機械・設備が老朽化している	161
4	原材料費が値上がりしてきている	162
5	経営者からの借入金がある	163
6	役員報酬（賞与）が未払い	164
7	新商品の売行きが好調だ	165
8	長期金利がだいぶ低い水準だが、今後の金利動向は？	166
9	売上債権（受取手形・売掛金）回転期間がここのところ長くなってきている	167
10	設備資金の調達を長期支払手形でファイナンスしている	168
11	取引金融機関との取引条件に不満を口にする	169

Chapter 12
融資提案セールスの実践的手法

1	融資提案セールスにあたっての留意点	173
2	取り組みやすい資金をセールス	174
3	他行肩代り資金を単純に提案セールス	176
4	買入債務の支払条件の良化（短縮化）資金を提案	177
5	在庫あるいは現預金圧縮資金を提案	178

6	少人数私募債をセットした肩代り融資を提案	179
7	小規模企業設備資金をセットした設備資金を提案	182
8	新規開業医（一人医師医療法人）の設備資金の肩代りを提案	183

Chapter 13
実践的な応酬話法事例

1	新規開拓先からこんなことをいわれたらどう答えるか！	187
2	逆説的な話法で相手のニーズや悩みを聞き出す	193
3	初回訪問面談における経営者との応酬話法事例	194

Chapter 14
新規開拓先の管理と取引拡大

1	融資金が正しく使われたかどうか確認する	209
2	当座預金を稼働させる	209
3	ローンレビューを継続的に効果的に行う	210
4	決算書を徴求時点で、過去（前期・前々期）との比較・分析を行う	211
5	他金融機関取引の変化をモニタリングする	214
6	社内動向・工場の稼働状況等をモニタリングする	214
7	風評に注意する	214
8	取引拡大	215

参考資料【都道府県等中小企業支援センター一覧表】 217

Chapter 1

渉外担当者に求められる役割と資質

重要ポイント

1 渉外担当者の役割

①金融機関の収益の柱である法人融資を、他行との競合に打ち勝って伸ばしていくことです。

②企業が一時的な業績不振に陥ったからといって貸し渋りするのではなく、企業の実態や潜在的な力をよくみて、融資という本質的役割を果たすことです。

③企業ニーズ・経営課題に対する提案・情報提供・アドバイスといったコンサルティング機能の役割を発揮することです。

2 渉外担当者の資質

①心に気合をかけて、弱気や自信のなさからくるプレッシャーをはねのけ、果敢にアタックし続ける精神力です。

②スキルとしては、渉外行員の人の魅力、知識・ノウハウ、ヒアリングスキル、公的機関の機能や専門家等を紹介できる手段・ツールを身につけることです。

③行動力としては、活動時間の確保とスピーディーな行動です。

④集合研修・通信講座受講・銀行業務検定試験受験等だけでは不十分で、そのほかに積極的に自己啓発にチャレンジをすることです。

1 役　割

　渉外担当者の果たすべき役割は、金融機関側と企業側の二つの観点からその重要性はますます増しています。

(1) 金融機関の収益の観点

　金融機関の収益の柱は、貸出金利息と有価証券利息の二つですが、グローバル経済の変調、国内需要の長期低迷、産業の空洞化の進展、海外との競合激化等により企業の資金ニーズは減少しつつあります。預貸率が低下しても、その分有価証券の運用でカバーすれば特に問題はないようにみえますが、有価証券の運用においては、利回りが低い、金利上昇による債券価格の下落（評価損の発生）、株式・ファンド投資ではハイリスク・ハイリターン、投資対象先のデフォルトなどといったようなさまざまなリスクが存在しています。一方、貸出においては不良債権発生による与信コストのリスクがつきまとうものの、有価証券に比して利回りが高いこと、金利変動に柔軟に連動ができることから、貸出残高の維持あるいは増加は金融機関にとって喫緊の課題です。問題なのは、融資マーケットそのものが縮小傾向にあるなかで、他行との競合に打ち勝ってどのように正常な融資を伸ばしていくのかであり、また業績不振先の経営改善を支援・アドバイスしながら再生の見込みをしっかりと見極め、いかに与信コストを減らしていくのかということです。これらの問題に的確に対処していくことが、まさに渉外担当者の役割です。しかし残念なことに、渉外担当者の法人融資開拓能力・スキルは不十分といわざるをえません。これは、

1. バブル崩壊後の不良債権処理に追われたことや、さらにリーマンショックによる企業倒産の多発などの影響を受け、前向きな融資の取組みに慎重になり、経験が不足してしまったこと
2. 中小企業救済のための「緊急保証制度」が創設され積極的にこの制度を利用したが、「企業力の目利き（融資判断）」は保証協会頼りとなり、渉外担

当者の融資スキルが育たなかったこと
❸役務収益増強のために「預り資産」の販売に相当の活動時間が割かれてしまい新規開拓活動がしわ寄せを受けていること
❹金融円滑化法による安易な条件緩和などが行われ、経営改善支援やアドバイスに関するノウハウの不足
などが要因と考えられます。

(2) 企業側の観点

　渉外担当者の企業に対する関心は、資金ニーズの有無や融資しても返済は大丈夫かどうかといったような点にあって、融資をいかに売り込むか、債権回収の安全性といった金融機関側の都合に終始しています。その結果、「当行の資金を借りていただけませんか？」「何か設備資金や運転資金のニーズはありませんか？」「取引行での借入額はどの程度ですか、金利は何％ですか。当行では、業績良好企業に低金利・無担保の条件でご利用いただける商品を用意しておりますので・・・」「当行でも融資提案をいたしますので決算書をいただけませんか？」といったようなセールスアプローチばかりが中心となってしまっています。しかし、中小企業が真に望んでいたり、必要としていたりすることは何でしょうか。もちろん多くの企業にとって、融資という血流（資金調達）は事業活動に必要不可欠な要素であることは確かなことです。しかし、中小企業のニーズについては中小企業白書、アンケート等から集約すると主なものは、次のようになります。

　自社のニーズ・悩みは、①売上げの低迷、②価格競合が激しい、③人材育成・確保が成長のカギ、④事業承継の問題（後継者育成や自社株対策等を含めての相続対策）、⑤営業力の強化、⑥資金調達の順番であり、資金調達の順位は低いです。企業を存続させていくための最大の課題は、売上げを確保し、いかに収益をあげるかということであり、そのために資金調達は必要条件であるものの十分条件ではないということです。

　金融機関に対するニーズとしては（順不同）、①売上げ・利益の話に偏っていて、会社の実態把握や経営課題の対応に不満、②決算重視で翌期の改善

方向などに耳を傾けない姿勢に不信感、③ビジネス・マッチングを希望、④経営改善・財務改善の具体的手法等への支援、また経営者へのアドバイス、⑤取引先倒産によるロスを防止するための信用リスク管理手法の支援、⑥借入金に関しては長期・低利で無担保・無保証の資金に魅力、といったようなことです。

　企業の実態を把握してほしいというのは、"何を製造（販売）しているのか"、"どこから仕入れて、どのように生産（販売）しているのか"、"どこの・誰に・何を納品（販売）しているのか"、"営業力（販売力）の強み、あるいは技術力の強みはどこにあるか"、"競合他社との差別化はどう図っているか"、"厳しい環境を乗り切るために新製品開発や新規事業への展開の見込みはどうか"、"人材育成への取組姿勢はどうか"、"業績不振の要因はどこにあり、それは一時的なのか構造的なのか"、"業績不振打開策は可能か、妥当性があるか"といったような事業の継続性、発展性に関心をもってもらいたいということです。そして、一時的な業績不振に陥っても、短絡的な見方で貸し渋りするのではなく、潜在的な企業力にしっかりと目を向けて、融資という金融機関の本質的役割を果たすことに期待しています。

　さらに、金融機関への期待としては、企業ニーズや経営課題に対する提案・情報提供・アドバイス、あるいは経営改善計画の支援、ノウハウ提供等といったコンサルティング機能の役割を発揮してもらいたいということです。経営者が抱える課題は、販路拡大、生産工程の見直し、労務問題、事業承継の悩み、人材確保・育成、海外進出など多岐にわたります。これらに対し、「社長の悩みは何ですか？」「経営上の課題はどのようなことですか？」「金融機関で何かお役に立つことはありますか？」と聞いて、「原材料価格の高騰が心配のタネだ」「営業力が弱くてライバルの後塵を拝している」「円高で親企業の海外生産移転が心配だ」などと返答されても、「ああ、それは大変ですね。どこの企業も同じように苦労しています」というだけでは金融機関の使命は果たせません。渉外担当者が直接コンサルティングに応じることはなかなか困難ですが、こうした場合、金融機関の本部機能を提供するとか、公的機関など外部機関の機能などの活用について情報提供や提案をした

りすることが渉外担当者の役割として求められています。

2 資質

(1) 精神力

　新規訪問では、心に気合をかけて、「弱気や自信のなさ」からくるプレッシャーをはねのける精神面の強さが大切です。新規訪問では、"経営者が不在でなかなか面談ができない"、"受付ラインのガードが固く門前払いされる"、"忙しいからと面談を拒否される"、"金融機関には用はない！　といわれる"、"君のところと取引して何かメリットはあるのかと問われる"、"たびたび来られても迷惑だ"といわれることも多く、既存先訪問では何でもないコミュニケーションが、新規訪問では簡単ではありません。

　融資セールスどころか、"面談をする"という基本的なコミュニケーションができないことに心が折れてしまって、つい新規訪問が億劫、疎遠になってしまい不得手になりがちです。そこで、相手に断られて当たり前との気持ちで、一度や二度の拒絶にもめげずに、継続的に訪問しようという強い気持ちをもつことが大事です。

　人というのは、困難な仕事を精いっぱい努力して成し遂げたときに、満足感が充足し自信につながるといわれます。経験や失敗の積み重ねこそが自分を育てるのですから、冷たくされても、拒絶されても萎縮することなく果敢にアタックし続けることで成果に結びつけましょう。だからといって、"気合だ"、"根性だ"というような精神論を振り回すことはお門違いで、やはりスキル、行動力といった資質の裏付けがあってこそ、強い精神力が生きるのです。

(2) スキル

　スキルとしては、第一に、渉外担当者の人としての魅力で、経営者とコ

ミュニケーションが構築できることです。魅力とは、渉外担当者固有の品性や見識・能力、外見や態度といったことに起因するもので、信頼性を感じる、知識が豊富で知的能力も高いので話題に興味がもてる、真摯で熱意にあふれた態度で好感がもてるなどといったようなことです。

　第二に、知識やノウハウに関するスキルです。企業力をヒアリングや財務諸表等により、定性面・定量面から見極めるノウハウ、財務・税務の知識、金融・経済一般に関する情報、景気・マーケット・業界動向・規制緩和等の把握といったことのほかに、融資判断力、融資取扱規程・融資法務など広範に及びます。

　第三に、ヒアリングのスキルです。通常、新規訪問先に関しては企業概要や決算データが不十分な場合がほとんどであり、仮に調査機関の情報・データが入手できたとしても、調査内容や企業力情報が不十分であるとか、古いといったような問題があり、参考にしかならない場合も多いでしょう。かといって、新規訪問で決算書等をお願いしたにしても、開示してくれる企業はまずありません。そこで、経営者との面談において、どれだけ企業の実態を把握することができるかが重要な要素となりますので、渉外担当者として融資セールスに必要な情報をいかに聞き出すかというヒアリングのスキルが要求されます。

　第四に、企業の経営ニーズや課題に対応できる提案・情報提供・アドバイス等のコンサルティング的なスキルです。このスキルは、渉外担当者単独では十分に対応しきれないのが当然であり、また習得するにしても膨大な時間や経験が必要なことから、なかなかむずかしいのが実情です。"困難だから"という一言で片付けてしまっては、企業ニーズに的確な対応ができませんし、ひいては競合他行との差別化が図れません。コンサルティングスキルとして、自行の本部機能等の活用による対応や公的機関・民間機関の外部機能とか専門家等の紹介・提案ができるような方法・ツールを身につけておかなければなりません。

(3) 行動力

　法人融資開拓における行動力とは、第一に、活動するための時間の確保です。法人開拓にあたっては、何はさておいてもまず企業訪問という行動を起こさないことには始まりません。問題なのは、訪問活動のための時間の確保が意外とできていないということです。その主な原因は、既存先に時間をとられすぎている、週間あるいは月間単位での活動計画の管理がしっかりできていない、事前の準備や調査が不十分なこと、などにあります。効果的な活動をするには、既存先訪問の効率化を徹底し新規開拓への活動時間をふやすこと、長期にわたり継続的な訪問計画を立てて実践すること、渉外事務の迅速な処理とムダを排除し事前準備等に時間をかけることです。

　第二に、スピーディーな行動力です。経営者との面談のなかで、企業ニーズや経営課題をつかんだら、何らかの対応ができないか迅速に行動し、些細な情報でもよいから提供することができれば経営者にインパクトを与えることができます。また、資金ニーズについていえば、決算資金、従業員賞与資金、季節資金などに対しては、その時期に合わせたタイムリーな融資提案行動が大切です。

(4) 自己啓発

　新規開拓をしていくうえで、さまざまな知識・スキル・ノウハウ・テクニックや情報が必要ですが、これらを経験の積み重ねだけで身につけるには不十分ですし、時間も相当かかります。「実績のあがる渉外担当者」というのは、パフォーマンスの上手下手よりも、自己啓発に積極的に取り組み、知識・見識の優れている人のことです。集合研修参加、通信講座受講、銀行業務検定試験受験とか、規程・マニュアル・事務取扱要領の習得といったようなことは基本・基礎的なことであり、これだけで自己啓発に励んでいると満足していないでしょうか。仮に財務検定試験に合格したとしてもキャッシュフロー計算書が作成できない、経常運転資金をよく理解していない、未払法人税等の仕組みをしっかり説明できない、また財務諸表等からの企業力の見

方が十分にできないなど、専門知識・スキルでさえ満足の状態ではありません。

　さらに、金融・経済に関する以外で、中小企業の経営課題やニーズに応えていくための知識の吸収や情報収集への取組みとなると心細い限りです。こうしたウィークポイントを克服していくには、書籍・経済誌・日刊新聞・業界新聞等を熟読するとか、特にインターネットの利用による情報検索・入手などが効果的であり、自己のノウハウ・スキルアップに必要な手段・方法はその気になればいくらでもあります。資格制度だから、上司にいわれるから「それだけやればよし」というのではなく、積極的に自己啓発にチャレンジをするプロ意識をもってほしいものです。中小企業経営者からは、「銀行マンというと、すごく勉強をして知的レベルが高いイメージだけど、必ずしもそうではないようだ。自己啓発にもあまり投資していない」という声も聞かれます。

Chapter 2

新規開拓の苦手意識や
ネガティブ思考の打破

重要ポイント

1 新規開拓における担当者の悩みや苦労に関しては、既存先ではあまり意識することがないので、経験不足から苦手意識やネガティブ思考をもってしまいます。

2 新規開拓の苦手意識は、既存先でのOJTの機会を活かし実践訓練で解消しましょう。

①会話の切り出しテクニックやヒアリングスキルをトレーニングします。
②いろいろな業種の企業内容や事業の仕組みを理解することで、目利き力を養成します。
③決算書類等で理解不十分な事項について、経理担当者等に聞いて実践的な勉強をすることで財務諸表の見方に強くなります。
④企業ニーズや経営課題の把握とそれらへの対応スキル・ノウハウ等を磨きます。

3 ネガティブ思考はポジティブ思考への転換で打破します。

①ネガティブな思考というのは成果があがらない言い訳をしているようなもので、いつまでも成功はおぼつきません。
②悩みやネックを克服するスキル・ノウハウ・テクニックを身につければ、新規開拓に強くなります。
③融資マーケットは無限ですが簡単には新規取引ができないだけのことで、自店融資先以外はすべてターゲットであり、新規資金ニーズがなくても他行肩代りというマーケットがあります。
④企業にとって金利は、取引の重要なファクターですが絶対条件ではないので、企業ニーズ・経営課題への提案・情報提供・アドバイス等で差別化を図ります。
⑤いつまでも「絵に描いたモチ」のままよりは、小口融資でも、低金利融資であっても、それをきっかけとして突破口を開き取引を拡大させていきます。
⑥自行にはない他行の融資仕組み商品にも、条件等を工夫することで対抗は可能です。
⑦企業の多様なニーズに応えるには、外部の機関・機能・コンサルタント等を活用し、提案、アドバイスしましょう。

1 苦手意識やネガティブ思考の要因

(1) 苦手意識

　新規開拓における担当者の悩みや苦労に関しては、以下の事項が共通しています。こうしたことは既存先ではあまり意識することがありませんので、経験不足から苦手意識やネガティブ思考をもってしまいます。

❶事前の準備をどうしたらよいですか。
❷1回目の訪問で次につながる話ができずに手詰まり感が残り、2回目につながりません。
❸当行との取引メリットを聞かれた場合に回答に窮します。また取引メリットを創り出す、あるいは伝えるノウハウ・スキルが不足しており、パンフレット持参一辺倒になってしまいます。
❹ある程度の規模の企業になると、なかなか実権者に面談できません。
❺門前払いされてしまい面談ができません。
❻相手が興味をもつ話し方（話題の提供）や社長にインパクトを与える方法ができません。
❼面談時の会話のスムーズな入り方と本題を切り出すタイミングがむずかしいです。
❽どのような視点で面談すればよいのかわかりません。
❾継続的に訪問してよい先か、よくない先かの見分けができません。
❿決算書をなかなかみせてくれない場合には、計数をどう聞き出せばよいのでしょうか。
⓫決算書以外ではどのようなことをヒアリングすればよいのでしょうか。
⓬業種別のチェックポイントがわからないので、表面的なことしかつかめません。
⓭業績良好な企業の資金ニーズの引出し方や資金提案セールスの方法がわかりません。

⓮企業ニーズがうまくつかめないし、つかめたとしても対応・対処ができません。
⓯「借りてください」との踏み込み方がむずかしい、また業績不振先だったらと自信がありません。
⓰銀行本部の相談・提案・コンサルティング等の機能のほかに、どのような機能や方法を活用すればよいのかわかりません。
⓱相手に「おたくの銀行では短期資金・長期資金はどの程度の金利なの」と聞かれたときはどう返答すればよいのかわかりません。
⓲実績を急ぐあまり融資のお願いに固執し、ほかの提案等に広がりません。
⓳融資提案が具体的にできない、またどこまで提案してよいのかが不安です。
⓴経営者に電話で面談の事前アポイントをとるものの、「用事はない！」と断られてしまいます。

　こうした悩みや苦労は、すべての担当者が直面し苦心していることですが、逆にこれらを克服することができれば、新規開拓の成功率アップにつながります。もちろん"言うは易く行うは難し"でそう簡単なことではありませんが、悩みやネックを超えるための知識・スキル・ノウハウ・テクニック等をマスターすればよいのです。

(2) ネガティブ思考

　ネガティブ思考とは、新規開拓の困難な理由を外部要因のせいにしてしまうことであり、次のような声がよく聞かれます。
❶当店のエリアには対象となるような企業が少ないとかそもそもマーケットがありません。
❷景気低迷している状態のなかでは企業も慎重になり、新規資金ニーズはなかなかありません。
❸貸出金利の競合が激しく、自行の金利水準では他行に勝てません。
❹自行には「戦略的融資商品」といったような攻めの商品がないのでライバル行に劣後しています。

5 企業ニーズや経営課題などに対応できるような企業支援の機能がありません。

2 苦手意識やネガティブ思考の打破

(1) 既存先の実践訓練で苦手意識を打破する

本来は既存先で十分にスキル・経験を積んでいれば、新規開拓はその応用であり、苦手になることは少ないはずですが、多くの担当者は既存先でのOJTの機会を十分に活かしきれていないことに問題があります。それは次のような事情によるものと思われます。

1 異動等により担当者が交代した場合、引継ぎ訪問が行われます。後任者を紹介すると、取引先は「前任者の△△君にはお世話になったけれど、○○君もしっかり頼みますよ」と初対面にもかかわらず自然にコミュニケーションがとれてしまいます。このために、初対面の相手とのコミュニケーションのとり方がトレーニングされず、新規訪問におけるコミュニケーションのとり方がわからない、自信がもてないということになります。

2 既存先とは人的・資金的関係が相応に構築されていますので、ついそれに安住してしまい、渉外活動が「お願い」「御用聞き」型になりやすく、定性面・定量面の目利きや企業ニーズの把握がおろそかになり経験が深まりません。

3 既存先での融資案件については、よほどのことがない限り取引金融機関に相談・申込みがなされるので、潜在的資金ニーズへの関心や融資を獲得する！という意識が欠けています。また、既存先では、融資条件交渉や融資判断に多少時間がかかっても、簡単には話が壊れないので、案件に対する的確、スピーディーな対応が甘くなっています。

4 既存先においては、定性・定量面にわたる企業内容、経営者、取引履歴等の情報が継続的に蓄積されていますので、担当者はあらためてヒアリング

やデータ分析をすることがありません。実際は十分に理解していないにもかかわらず、経営者と人的に親しくなることが優先されてしまっています。このため、企業活動の分析、資金ニーズ、経営課題等の本質的な要素を看過してしまっています。

しかし、これらは既存取引先でのOJTで訓練することができるのです。

❶新規訪問時の面談における会話のテクニックやヒアリングスキルについては、意識的に既存先で実践訓練を重ねることでおおいに向上します。

❷既存先にはあらゆる業種の企業が存在していますので、それぞれの事業活動の仕組みをよく理解・把握することで企業の目利き力を養成することができます。

❸決算書類等で自分が理解不十分な事項について、経理担当者等に聞いて実践的な勉強をすることで財務諸表の見方に強くなります。

❹企業ニーズや経営課題の把握とそれらの解決に活用できるスキル・ノウハウを磨くことができます。

(2) ネガティブ思考はポジティブ思考への転換で打破する

ネガティブな思考というのは成果があがらない言い訳をしているようなもので、それではいつまでも成功はおぼつきません。そこでネガティブ思考をポジティブ思考に転換してみたらどうでしょうか。

❶住宅地・山間部・農村地帯では確かに企業が少なく、マーケットがないといわれますが、それはマーケット規模が小さいだけです。いちばん問題なのは、エリア内における自店の貸出シェアで、仮に自店シェアが45％だとしたら、まだ55％も開拓の余地が残っているとポジティブに考えればチャンスは十分にあります。しかしながら、企業側の意向もありますし、他行もガードを固めていますから、簡単には取引ができないだけのことです。もちろん自店貸出シェアが相当高いような場合には、実質的には開拓の余地はありません。

❷この景気停滞期では資金ニーズが少ないのも事実ですが、他行肩代りという融資マーケットは無限です。

❸企業にとって金利は取引の重要なファクターですが、絶対条件ではありません。企業が金融機関取引で重視するのは、「長期的なパートナーとして良好な関係を継続できるか」「お願い・御用聞き渉外ではなく、企業活動に役立つ提案・アドバイス・情報提供等をいかにしてくれるか」「黒字・赤字、売上増減といった表面的な数値のみに関心を示すのではなく、定性面や業績変化の要因の分析といったことから企業の内容をきちんと理解・把握してほしい」などです。だから金利が低いというだけでは、「取引したいためのバーゲン金利で、いずれ通常金利に収斂されるに違いない」「一時的な金利で取引を開始しても、新しい金融機関はいざというときに助けてくれるだろうか不安だ」「取引金融機関がふえて、資金管理が面倒になるだけでメリットがない」というような企業の懸念から、簡単には取引成約に至らないのです。ただ、金利次第で取引のチャンスがあるなら、低金利で積極的に攻めてみるのも一つの手です。金融機関といえども「融資というサービス商品を売る商人」ですから、優良先ほど高い価格で売れるわけがないのは自明の理で、取引金融機関に勝てる金利を打ち出すことも必要です。これは、取引が一度できればあらゆる情報を入手することができて、積極的な融資提案等でボリュームアップが可能となるからです。いつまでも「絵に描いたモチ」のままよりは、思い切った金利（その後もすべて低金利ということではないので）で取引の突破口を開いたほうがよいでしょう。

❹別の観点に立てば、金利が取引の絶対条件ではないのだから、少なくとも取引金融機関と同一金利でさえあれば、企業ニーズや経営課題への対応・提案や情報提供等で差別化を図ることで十分に戦うことができます。

❺「戦略的融資商品」に対抗する商品が設定されていないといいますが、「戦略」といってもよく考えれば金利・期間・金額・返済方法・担保・保証のセット商品にしかすぎないので、自行でもプロパー資金を工夫すれば、同じような内容での融資対応は可能です。

❻自行本部の企業支援機能が不十分といわれますが、金融機関の支援機能だけでは、売上げを伸ばしたい、生産工程の合理化を図りたい、新商品を開

発したいなど企業の多様なニーズに直接応えられるわけではありません。本部の支援機能の優劣よりも、外部の機関・機能・コンサルタント等の活用をいかに提案、紹介、アドバイスできるかが重要です。

Chapter 3

訪問先のリストアップ

重要ポイント

1. 未取引先企業を点ではなく面でとらえ、先入観をもたずに自分の足でエリアを丁寧に回り、自分の目と耳で確かめながらアプローチ先を選別します。

2. 訪問企業の抽出方法の主なものは、信用調査会社のデータベース、各団体名簿、人脈による紹介、業種を重点的に絞り込んでの選択などです。

3. 訪問先の着眼点の主なもの

   ①取引金融機関の担当者や支店長が代わった先は、付け入るスキができます。
   ②経営者が代替わりした先は、新代表者の方針が金融機関取引にも反映されるのでチャンスです。
   ③老舗よりも、負の遺産を背負わない新規創業企業に注目します。
   ④要注意先であったが経営改善に一定の成果があがり、業績回復基調にある先。
   ⑤環境関連企業で、「太陽光発電・省エネ技術・リサイクル技術」などの分野。
   ⑥中国・インドなどアジアの新興国市場をターゲットにしているアジア関連企業。
   ⑦勝ち組の医療法人では病院建替え、有料老人ホーム参入等の設備資金や運転資金の宝庫であり、また一人医師医療法人では開業情報を早期にキャッチしてアプローチします。

1 訪問先のリストアップ

(1) エリア内の全企業が対象

　未取引先企業を点ではなく面でとらえ、先入観をもたずに自分の足でエリアを丁寧に回り、目と耳で確かめながらアプローチ先を選別していくのが基本であり、未取引先を全部訪問してしまったということはありえません。かつては業績が低迷していた企業でも事業転換を図り成長軌道に乗っていることもあるでしょうし、前任者から「あの企業はメイン行一本槍で崩せない」と引継ぎを受けたにしても、後任者の能力・スキルによっては取引成約の可能性は十分にありえます。また、企業も経営者が代替わりすれば、金融機関との取引方針も変化することがあるでしょうから、諦めずに継続的な訪問活動を行うことが取引開拓に結びつきます。特に、他の地域から移転してくる企業や新規に開業した先については事前情報がつかみにくい場合もあり、目についたら他行に先駆けて訪問することが効果的です。

(2) 企業の抽出方法

　対象先をリストアップする一般的な手法としては、

1. 信用調査会社のデータベースの一定評点以上の先（しかし、中小企業はデータ上に現れないよい要素をもっている先が少なくないので、データ情報はあくまでも参考にとどめます）
2. 商工会議所名簿、法人会名簿、商店街振興会・組合名簿、同業者会・業界団体会員名簿（新規創業企業ではこれら団体に加入していない場合もあるので留意します）
3. 税理士の紹介を受けるのも一つの手段ですが、紹介先イコール良好先とは限らないので過信は禁物です。
4. 地縁・血縁・既存先の人脈による紹介（紹介された先が業績不振先で取引不可だったりすると、紹介を受けた先への結果報告が躊躇されるような事態も想

定されます）
5 自店・僚店トレース先として既存先の販売先・仕入先や受発注先等
6 商談会への参加企業リスト
7 全国新聞地方版や地元新聞等で取り上げられたり、紹介されたりした企業
8 医師会・テナント仲介業者・医療コンサルタント・総合病院開業支援室からの開業医（一人医師医療法人）情報
9 医療法人の介護福祉施設事業への参入情報などです。
10 訪問する企業の業種を絞り込んで重点的に活動することも効果的であり、既存先の業種やデフレに強い業種などを選定するのも一つの方法です。

2 訪問先の着眼点

1 取引金融機関の担当者や支店長が代わった先は、新担当者との相性が悪いとか、支店長があまり積極的に訪問しなくなったなどから企業の不満が高まり、従来の信頼関係にヒビが入り付け入るスキができます。

2 経営者が代替わりした先は、新代表者の経営方針が金融機関取引にも反映されることになります。後継者が子息となる場合では、父親が代表者のときは自分を軽視していたのに、代表者に就任した途端、手のひらを返したようにスリ寄ってくる姿勢をみて不愉快に感じ、新しい金融機関も取引に加えようと考えることもあります。あるいは、新代表者は過去のシガラミや人情といったものにとらわれずに、ドラスチックに貸出金利の低い金融機関を選択するというようなことも起こりえます。

3 住宅ローンなど、経営者やその一族との個人取引がある場合は、企業取引もアプローチしやすいといえます。ただ、個人取引があるのに企業取引がない理由は何なのかに注意する必要があります。場合によっては、企業とプライベート部分を分けようとしているとか、個人ローン取引金融機関では提案力が弱いと思っているとか、過去に何らかのトラブルで不信感を抱いているといったようなことがあるのかもしれません。

4 新規創業企業に注目します。不況の影響や産業の構造的変化で老舗・名門企業が衰退する一方、この変革をビジネスチャンスととらえ新規創業する企業も多くあります。このような企業の特徴は「負の遺産」を背負っていないことです。つまり、過剰な設備や遊休資産がないので資産が効率的に回転しており、借入金過多に陥らず金利負担も軽く、コストが抑制され価格競争力が強いです。こうした企業では物的資産がないので、担保・保証重点主義の金融機関では取引に消極的になりがちです。そこで、ビジネスモデルに目を向けて企業力をしっかり目利きし、アプローチすれば取引獲得のチャンスは大きくなります。対象としてはベンチャー・IT関連・最先端テクノロジーというよりも、既存ビジネスで新鋭企業という身近な企業に目を向けましょう。

5 テナント入居先企業には小規模な企業も多いですが、いわゆるファブレス企業として資産・製造拠点を保有せず、委託生産により事業展開を図っている企業も存在します。たとえば、国内本社は技術集団のみで、製造は海外企業に委託しているとか、商品開発を行うが製造は他社にアウトソーシングしているなどです。テナント先では不動産担保がとれないので消極的な融資姿勢になりがちですが、事業モデルの成長性に着目をしましょう。

6 面談時間帯に制約がある、実権者に面談しにくい、中に入りづらい、都市部では交通上訪問しにくいなど、いわゆる死角先はライバル金融機関もあまり訪問をしていないはずなので、面談の困難さを克服すれば取引の可能性は高まります。

7 要注意先であったが経営改善に一定の成果があがり、業績回復基調にある先は、これから一段と収益力が強まる可能性が高いので積極的にアプローチすべきです。要注意先は、過去に厳しい融資条件をのまされてきただけに、取引金融機関に対する不満・不信感が生じているのでそこが狙い目です。

8 潤沢な利益や遊休資産売却資金で財務リストラを推し進めてきた企業には、資金ニーズはないと思い込んで訪問が疎遠になりがちです。しかし、こうした企業ほど需要が回復すれば攻めに転じて、販路拡大、新規設備投

資により事業拡大を図ったりします。その結果、増加運転や設備投資といった前向きな資金需要の発生が考えられますので、タイミングを逸しないように持続的なアプローチを心がけます。

❾食料品取扱業者は底堅く売上激減などは比較的少ないです。われわれが日々口にする生鮮食料品の流通業者は、不況による影響で売上げが若干減少したり、より安価な商品へのシフトで収益が落ちたりするものの、他業態ほど激減することはありません。ただし、外食を手控える傾向にあるので外食産業への販売が大きい先は、売上減少が大きくなりがちなので注意を要します。

❿環境関連企業で、「太陽光発電・省エネ技術・リサイクル技術」などの分野は成長が見込めます。また、環境関連企業と取引関係にある外注先・下請先や仕入先にも注目しましょう。

⓫アジアの新興国市場をターゲットにしている企業やその関連企業は成長期待が大きく、景気が低迷しても業績の落込みは小さいです。

⓬地域の風評というのは案外に的を射ているものです。地域では経営者同士の接触や商取引関係を通して、あるいは金回りの様子などから企業内容のよしあしがわかっている場合が多いです。経営者も仲間や友人にはついホンネを漏らしているもので、「あの会社は儲かっているよ」とか「あの会社は大変のようだ」という風評情報も参考になります。

3 医療法人の着眼点

　医療法人（病院事業）は、診療報酬が2009年度までの４回連続マイナス改定による引下げ実施で、医療崩壊といわれるような経営の悪化がみられました。しかし、2010年度は0.19％の引上げ、なかでも急性期医療（入院医療）に厚く配分された結果、病院経営が改善に向かっています。病院は資本集約的な装置産業であり、これからは老朽化した施設の建替えが本番を迎えますし、高度医療機器の購入資金も発生します。また、療養病床の介護老人保健

施設への転換による増改築資金、電子カルテ導入による情報システム構築資金などが見込まれます。

　さらに、医療行政の変革に伴い、病院が有料老人ホームやサービス付き高齢者向け住宅の開設・運営も可能となり、これからは大きな融資マーケットとして期待ができます。一方、設備投資資金を本来は超長期で調達すべきものを中期・長期で対応したために、融資期間と返済原資とのアンマッチングによる運転資金が発生しています。また一人医師医療法人（開業医）では、病院勤務の激務と収入面から開業を志向する医師も多いです。

　開業医の情報は、

❶自金融機関と提携している公認会計士、税理士、医療コンサルタント等からの開業希望医師の紹介
❷地元医師会（歯科医師会）や既取引先医療機関（開業医）からの情報
❸不動産業・ハウスメーカー等からの情報
❹開業予定広告の情報で、土地に看板が掲示されているなら土地謄本調査、テナント・医療モールの場合はオーナーや賃貸斡旋不動産屋からの情報
❺自店の取引先である医療機関の勤務医が独立開業する場合は事務長等からの情報
❻医療系の大学が提供する勉強会・交流会等における情報

などから入手可能です。

Chapter 4

訪問・面談前の事前調査・準備

重要ポイント

1 **訪問企業に関する情報や業界動向等について、事前にリサーチします。**

①記録が保存されている範囲で自行との取引の有無、履歴などを調べます。
②信用調査会社の企業情報から事業概容、財務情報、取引金融機関、企業履歴・経営者略歴など、ある程度の情報をつかみます。
③新規訪問先のホームページにアクセスし、企業概要の予備知識を仕入れます。
④経営者は、友人・知人、業者仲間に意外とホンネや不満を漏らすものなので、地元における情報を集めます。
⑤訪問対象先の主要な販売先や仕入先が自金融機関の取引先であれば、それとなく情報を聞き出します。
⑥「業種別審査事典」「よくわかる○○業界」といった参考図書から、業界に関する事前調査をします。
⑦インターネットから業界情報を検索し、トレンドを調査します。

2 **事前準備**

①事前調査方法で入手した情報をもとに、何をどうヒアリングすればよいのか整理します。
②訪問の際のきっかけツールや提案ツールを準備する、また経営者が不在時の場合に備えて、コメントを記載した名刺あるいは文書を事前に準備しておきます。

3 **面談に至るまでのプロセス**

①訪問のタイミングは渉外担当者の都合ではなく、相手の都合に合わせます。
②いろいろな方面の方々の紹介を受けて訪問します。
③事前に電話アポイントをとり訪問します。
④「飛び込み」が現実的には多いのですが、事前調査・事前準備をしっかり行って訪問することが前提です。

1 事前調査

(1) 取引履歴等のチェック

　当該企業に関する情報や業界動向等についてリサーチします。

　訪問するのは"自行に預金取引すらない取引先"なので、当然情報は少ないです。何の事前準備もなく「こんにちは、設備・運転資金のご予定はないですか」「取引金融機関への不満はないですか」「当行もがんばりますので取引をお願いします」「決算書をいただければ検討します」では、取引できる可能性は非常に低くなります。効果的な訪問のためには、事前に訪問先の情報を集めることが欠かせません。

　まず、リストアップされた企業について、記録が保存されている範囲で自行との取引の有無、履歴などを調べます。通常は、①まったく取引なし、②預金取引のみあり、③過去に融資取引があった先に区分されます。過去に融資取引があった先についてはなぜ取引が途切れてしまったのか、その理由を調査しておくことが必要です。うっかり自行との取引の有無を確認せずに、「こんにちは、○○銀行です。お取引のお願いに参りました」と切り出したりすると、相手から「いや、おたくには普通預金があるよ！　売上げの一部が振り込まれているけど…」「昔は取引をしていたけど、おたくは金利が高くてね」と切り返されて、出鼻をくじかれてしまいますし、"そんなこともろくに調べずに来たのか"と相手に不信感を与えかねません。

(2) 企業情報からのチェック

　信用調査会社の企業情報から一定の評点先をターゲットにする場合は、事業概要、財務情報、取引金融機関、企業履歴、経営者略歴など、ある程度の情報はつかむことができます。ただ、信用調査会社のデータは古い（業況・環境の変化に対応できていない）、伝聞や推定・推測事項の記載も目立つなど限界があることに留意して参考程度にします。また、信用調査会社にデータ

がなく、企業情報が得られない対象先もあります。

(3) ホームページからのチェック

訪問予定先のホームページにアクセスし、企業概要の予備知識を仕入れます。ホームページを開設している企業も多くみられるので、格好の情報入手方法です。同時に、経営者との面談では、ホームページを話題に取り上げることで、こんなに当社のことに関心をもってくれているのだと相手も好感をもつでしょうし、事業活動に関するヒアリングも自然に入っていけるメリットもあります。

(4) 地元情報からのチェック

地元における情報を調査します。地元オーナー企業であると、商工会議所、法人会などの会合の場、あるいは近隣とのご近所付き合い、学卒同期の友人関係等において、経営者がホンネや金融機関に対する不満を漏らすものです。たとえば、「少し上向いてきたので、今期は赤字から脱却できそうだ」「事業転換を目指して新商品の開発に取り組んでいたけど、メドがついてきた」「工場の増築をしようと思っているのだが、金利の安い金融機関はどこだろう？」「いや参ったよ。メイン行に相談にいったら借入金の条件緩和に応じてくれないので…」など、企業実態を表すようなことです。そこで、渉外担当者は既存取引先を訪問したおりに、「○○会社さんとは取引がありませんが、業況はよさそうですね」と聞いてみれば、「この前、そこの社長さんが、こんな話をしていた」と企業情報を聞くことができます。さらに、地元では人的つながりも濃密なので、経営者の資質や人間性にかかわる情報も知ることができます。

(5) 訪問対象先からの情報

訪問対象先の主要販売先や主要仕入先がわかっていて、それらが自行の取引先であるようなケースでは、それとなく訪問対象先にかかる情報を聞き出してみます。「社長のところは、○○会社と取引をしているようですが、ど

んな商品（原材料）を販売（購入）しているのですか。取引量はどの程度ですか、長い取引ですか」「あの（訪問先企業の）業界はどうでしょうか」と質問をしてみます。そうすれば、「取引は長いけど、取引量はたいしたことないよ」「自動車関連だから、一時的な落込みがあったようだが、最近は回復しているんじゃないかな」「この前、社長に会ったら設備更新の話をしていたから…」などとの回答があれば、対象先の情報を知るのに役立ちます。ただ、現実的にはこのようなケースは、あまり期待はできないでしょう。

(6) 参考図書等からの情報

　金融機関備え付けの「業種別審査事典」や一般図書の「よくわかる○○業界」といったものが比較的身近な参考図書です。これらには業種別の特性、業界・市場動向、資金ニーズの発生要因、経営課題などが解説されています。予備知識や情報を有していれば、的確に企業力の目利きや資金ニーズ・企業ニーズの聞き出しができるでしょうし、相手の経営者も渉外担当者に心を開いてくれるでしょうから、必然的にコミュニケーションをとることができます。

(7) インターネットからの情報

　インターネットから業界情報を検索し、トレンドを調査します。

a　主な業界団体・業界新聞の情報検索サイト

自動車部品業	・日本自動車工業会 ⇒ http://www.jama.or.jp ・日本自動車部品工業会 ⇒ http://www.japia.or.jp
運送業	・日本ロジスティクスシステム協会 ⇒ http://www.logistics.or.jp ・全日本トラック協会 ⇒ http://www.jta.or.jp ・日本物流団体連合会 ⇒ http://www.butsuryu.or.jp ・輸送経済新聞（社）⇒ http://www.yuso.co.jp
印刷・製本業	・日本印刷産業連合会 ⇒ http://www.jfpi.or.jp ・日本印刷新聞（社）⇒ http://www.nichiin.co.jp ・印刷タイムス（印刷之世界社）⇒ http://www.monz.co.jp

化学工業	・日本化学工業協会 ⇒ http://www.nikkakyo.org ・石油化学工業協会 ⇒ http://www.jpca.or.jp
建築・不動産	・日本建設業連合会 ⇒ http://www.bcs.or.jp ・全国宅地建物取引業協会連合会 ⇒ http://www.zentaku.or.jp ・建設業情報管理センター（経営事項審査結果の公表） 　⇒ http://www.ciic.or.jp
食品加工業	・食品産業センター ⇒ http://www.shokusan.or.jp ・日本食品衛生協会 ⇒ http://www.n-shokuei.jp ・日本食糧新聞（社）⇒ http://www.nissyoku.co.jp ・食品産業新聞（社）⇒ http://www.ssnp.co.jp
スーパー・ 百貨店	・日本チェーンストア協会 ⇒ http://www.jcsa.gr.jp ・新日本スーパーマーケット協会 ⇒ http://www.super.or.jp ・日本百貨店協会 ⇒ http://www.depart.or.jp
アパレル	・日本アパレル・ファッション産業協会 ⇒ http://www.jaic.or.jp ・日本チェーンストア協会 ⇒ http://www.jcsa.gr.jp ・日本小売業協会 ⇒ http://www.japan-retail.or.jp ・繊研新聞社 ⇒ http://www.senken.co.jp
外食	・食の安全・安心財団 ⇒ http://www.anan-zaidan.or.jp ・日本フードサービス協会 ⇒ http://www.jfnet.or.jp

b　主なシンクタンクの各種調査レポート（産業関連、業界動向・展望、海外経済、経済見通し、経営関連、地域経済関連）

金融機関系	・日本総合研究所、三菱総合研究所　等
証券系	・野村総合研究所、大和総研　等
生保系	・ニッセイ基礎研究所、第一生命経済研究所　等
その他	・矢野経済研究所、富士通総研　等

c　経営者情報

　企業経営者が判明している場合は、代表者個人に関する情報も検索し、調べておくのがよいでしょう。たとえば、地域経済同友会の理事、業界団体の

役員、講演会の講師、少年スポーツクラブの幹事、○○技術賞の受賞者等といった個人情報は結構得られるものです。面談の折には、こうした情報を話題として取り上げることにより、会話もスムーズに運べるでしょうし、お互いの距離が縮まることになります。その結果、渉外担当者としてもヒアリングがしやすくなります。

(8) 同業種の取引先からの情報

同業種の既存取引先から得られる業界トレンドや財務情報を整理しておき、訪問対象企業の実態把握に活用します。

2 事前準備

優良企業であればあるほど多くの金融機関が訪問するので、経営者や経理担当者は目が肥えていて、この渉外行員の能力はどのくらいか、数分も話せばわかってしまいます。何も事前調査せずに的を外れたヒアリング、融資の話ばかり、単なるお願い営業とかでは、相手も面談するメリットを感じません。したがって、二度目の訪問をしても、「今忙しいので…」と断られるだけです。そこで、初回訪問で自分に関心をもっていただくためには、相手に何らかのインパクト（印象付け）を与えることができるような事前準備をすることです。

(1) ヒアリング項目の整理

事前調査方法で入手した情報をもとに、企業力、経営課題、資金ニーズを把握するには何をどうヒアリングすればよいのか整理をしておきます。これで、少なくとも「業界や当社について勉強してきているな」という印象は抱いてもらえます。

(2) きっかけツールの用意

　訪問の際のきっかけツールや提案ツールを準備しておくことです。提案ツールは、ファーストコンタクトの段階では相手の興味を喚起できるレベルであれば十分で、むしろ最後まで目を通してもらおうとするなら、簡潔なもののほうがかえってよいでしょう。この場合に、自行が定期的に発行している情報誌（景気・経済動向調査月報、今週の金融・外為マーケット等）や相談機能に関するパンフレット（技術評価・事業承継・コンサルタント紹介等）を置いてくるというのも一つの方法です。より相手にインパクトを与えようとするなら、独自に作成した提案ツールを持参するとか、新聞・雑誌に目を通し、経営課題に役立つような記事を紹介するとか、公的機関の支援機能をアドバイスするなど工夫することが必要であり、こうしたことにより相手が関心を示してくれる可能性が高まります。

(3) 自行商品・情報の理解・把握

　自行の融資商品、特に戦略的融資商品の内容、貸出金利の基準（短プラ・長プラ基準、格付・期間等による金利体系、支店長専決下限金利など）、保証協会付融資の概要・個別商品・条件、自治体制度融資等に精通していることが大切です。少なくとも、戦略的融資商品や貸出金利の基準等については頭の中に入れておくべきで、パンフレットや手控えをみないとわからないようでは困ります。たとえば、資金ニーズが予想されたら、即座に「こういう商品（制度融資）がありますが、検討してみませんか」と勧めれば相手も興味を示します。また、時には経営者から「おたくの長期金利は何％なの？」という質問を受けることがあります。こんなとき「一概に何％とはいえません。決算書をいただければ検討します」と答えてないでしょうか。相手はすぐに借入予定があるわけではなく、他金融機関の金利水準を参考程度に聞いてみたいだけなのですから、「当行では何％を基準にして格付・期間・取引内容等により基準プラス・マイナスαをしています」と原則的な基準を話せばよいのです。それにより、相手が「高いんだね」とか「えっ！　低いんだね」

という反応を示したらチャンスです。メイン行は「もっと低いのですか？」「もっと高いのですか？」と問いかけをしてみて、その返事の内容によっては、取引金融機関の金利水準がある程度つかめますし、金利水準からどの程度の格付の企業かの推測も可能となり、貴重な情報を入手することができます。

(4) アピール文書の用意

　経営者が不在のときに備えて、コメントを記載した名刺あるいは文書を事前に用意しておくのも一つの方法です。これは初回訪問に限ることではなく、継続的な訪問においても実行していきたいことです。相手が不在の場合、「社長の席に名刺を置いてください」と受付者にお願いすることになりますが、単なる名刺だけではせいぜい金融機関名をちらっとみるのが関の山で、あとはゴミ箱行きです。このとき名刺に「本日は販路拡大セミナーに関するご案内をおもちしましたのでご覧になってください」「私募債による新しい資金調達手段のご提案におうかがいしました。次はアポイントをとりまして、説明におうかがいいたします」などのコメントが記された名刺や文書を置いてくるならば目を通す確率は高くなります。

3　面談に至るまでのプロセス

(1) 訪問のタイミング

　新規開拓がなかなか進まない大きな要因の一つに、訪問のタイミングの問題があります。担当者は既存先中心の行動予定を立てるので、どうしても新規活動はその合間になりやすいです。また、毎週○曜日を"新規開拓日"に設定して、新規活動を一斉に行うこと等も金融機関の都合優先であり、結果は芳しくありません。新規訪問では自分たちの都合ではなく、相手の都合を考慮した柔軟な予定を立てることを心がけなければなりません。予定を立て

たら訪問するには、次の三つのプロセスが考えられます。一つは紹介を受けて訪問する、一つは事前に電話等でアポイントをとって訪問する、一つは飛び込み訪問です。

(2) 第三者からの紹介

　自行の既取引先から販売先・仕入先等の商取引先とか、経営者の知人や友人先の企業や親族関係の企業などを、税理士等からは関与先企業を紹介してもらって訪問します。この場合、紹介者から訪問企業の経営者へ、「○○銀行にお宅を紹介してくれと頼まれたので、一度会ってやってよ」などと一言連絡してもらえれば面談しやすいです。紹介者が直接連絡をしてくれない場合は、紹介者の名前を出してよいかどうかの了承を得て訪問します。その場合は「○○氏の紹介をいただきましたので、ぜひ、社長さんにお会いしたい」と受付で声をかければ、普通は面談が可能でしょう。しかし、いずれの方法にせよ、必ずしも有効な手段とは限りません。紹介された側からすれば"特に必要のないこと"であり、本当は迷惑なことかもしれません。また、紹介者との力関係によるプレッシャーで面談に応じるようなことがあれば、金融機関の渉外担当者に「余計なことして！」と気分を害することになります。うっかりすると、紹介をお願いした先が業績不振先ということにでもなれば、紹介を受けたことがかえって仇となりかねません。このように、紹介を受けても取引成約に結びつかず、場合によってはデメリットを生じかねないので、紹介もアプローチの一手段にしかすぎません。

(3) 実権者への面談

　事前に電話で実権者に面談のアポイントをとる方法は、確実に面談ができる点と新規の金融機関に拒否反応を示さず受け入れてくれる点では大変好ましいことです。相手が拒否をしないのは、温厚で断りにくい人柄の場合、他行の融資条件などいろいろな情報を聞きたい場合、企業ニーズへの提案内容に興味をもった場合などです。しかし、接触がまったくないのに、いきなりアポイントの電話をしても、「何だろう、突然電話してきて」と不審がられ、

「忙しいので・・・」「いま、借入予定はないので・・・」「何か用があればこちらから連絡する」などと顔がみえないだけに断られやすいものです。電話で一度断られてしまうと、以後何回も電話をすることが憚られますし、気の弱い渉外担当者では訪問も躊躇してしまいます。もし、相手先が関心を示すような用件を明示してアポイントをとった場合には、その内容が相手の期待を裏切るようなものであれば逆効果です。それならば、あれこれ「ウンチク」を傾けているよりも、いっそのことストレートに訪問したほうが早いです。

電話でアポイントをとる場合には、単純明快に「○○銀行△△支店の××と申します。初めてのお電話で失礼いたしますが、社長さんにぜひお会いしたいのでご都合はいかがでしょうか？ 明日の午前中はいかがですか」とお願いしたほうがよいでしょう。ポイントは面談日時を具体的に提示することです。相手が、「明日の午前中は、チョット用事がある」と返したら、もう一押しして、「それでは明後日の午後はいかがでしょうか」と問いかけます。これを何回もしつこく繰り返すのは賢明ではありませんが、人は、具体的日時を提示され、その時間帯が空いていれば断りづらいものです。あるいは具体的な情報提供等があるのなら、「○○銀行△△支店の××と申します。初めてのお電話で失礼いたします。当行の地域企業ビジネス交流会に御社のご参加をぜひお願いしたいので、明日はいつご在席でしょうか」とお願いすればより効果的です。

(4) いきなり訪問での最低限の準備

「飛び込み（いきなり）訪問」する方法は、何か無計画でやみくもに突撃するようなイメージかもしれませんが、現実的にはこの方法がいちばん多く、紹介や電話アポイント等の方法のほうがレアケースではないでしょうか。もちろん、飛び込みといっても事前調査・事前準備がしっかり行われていることが前提です。「飛び込み訪問」であろうとなかろうと、企業を訪問することにより、まずは目に映るさまざまな情報をしっかりとらえることです。たとえば、敷地の広さ、建物規模・種別・経過年数、設備の規模、商品・製品、貨物車両から出入業者、工場などの様子、現場の繁忙度や事務所

では受発注の電話や職員の行動からの活気の有無、応対態度から職員のレベル等の情報です。大切なのは、目にしたことを相手との面談で話題にすることです。「職員の応対はよく訓練されていますね。日頃の社長の社員教育が行き届いているなと感じました」と褒めれば、「いや、まだまだだよ。当社は、下請企業なので発注先から人が来たときに失礼のないように常に注意させている」とか「当社のモットーは"顧客第一主義"で、当社を訪れる方はすべて顧客と思え！　という教育をしている」とか、必ず社長の返し言葉があります。それをきっかけに「発注先とはどこですか」「顧客第一主義とのお話ですが、具体的にはどのような取組みをしているのですか」と企業を知るためのヒアリングを続けていけばよいのです。

Chapter 5

コミュニケーションのとり方と
面談ポイント

重要ポイント

1. 新規訪問では経営者の顔がわからず、作業服を着用している人が経営者の場合もありますので、出会った人には、きちんと挨拶をして表敬の意思を示しておきます。
2. 最初の訪問で受け入れられないことは普通のことであり、臆することなく臨みます。
3. 事務所に入る前に、敷地や工場、製・商品、車・人の状況等、周囲をぐるりと眺めましょう。
4. ファーストコンタクトでは、相手になるべく好印象をもたれるように、目から入る印象や耳から入る声の印象に注意します。
5. 経営者との面談が原則ですが、不在の場合はそのまま帰らずに、次席者や経理部長等に会います。
6. 初対面の面談では切り出し話法で雰囲気を和らげ、経営者の人間的側面を知り、渉外担当者の側面も知ってもらって、相互の親近感を醸成します。
7. 経営者の年代やタイプにより、面談姿勢・会話に留意します。
8. よい渉外担当者というのは聞き上手であって、「話す」営業から「聞く」営業を心がけます。
9. 簡単にわかったふりや、知ったかぶりをせずに、納得いくまでヒアリングします。
10. ヒアリングは"事情聴取"にならないように気をつけ、その意味ではヒアリング中のメモは必ずしも必要ではありません。
11. 初回訪問では、「貸せる企業かどうか」を見極めるための情報収集から始めるのが基本です。
12. 2回目以降の訪問活動では、資金ニーズの聞き出しや経営課題や企業ニーズのヒアリングにも注力します。

1 初回訪問時の留意点

(1) 初回訪問時での心がまえ

　新規訪問では、経営者と面談するまではその顔がわかりませんし、経営者だからといって事務所の社長席にスーツ姿で座っているとは限りません。工場や現場で自ら汗を流している経営者は、作業服を着用していることが多いので従業員と見分けがつきません。それゆえに、作業服を着ている人であっても経営者かもしれませんので、目線があったりすれ違ったりした人には、きちんと挨拶することです。「○○銀行です。おはようございます」と表敬の意思を示しておけば、相手は礼儀正しい人だと好感をもってくれますし、その相手が経営者であったならば、無意識のうちにファーストコンタクトに成功したといえます。面談の仕方うんぬん以前にまず心がけておきたい営業マナーです。

　初回訪問では、「面談を断られて当たり前、挨拶だけでもできればよし」、ましてや「融資セールスや提案等に関心を示してもらえることは稀有のことだ」との心がまえで臨むことが大事です。渉外担当者が面談する相手は経営者という人であり、「人と人」との接点における人の心理行動には次の傾向がみられます。それは、①人は知らない人に対しては冷淡で批判的になる、②人は論理・理性的に物事を判断するよりは、自分の感情、独断、偏見で判断しがちである、③人はまず物事を否定的にみようとする傾向があり、セールスに対して最初は「NO」というのが普通であるということです。つまり、初回訪問では、門前払いされたり、自分は相手に有益なことを説明しているつもりでも耳を傾けたりしてくれないのであって、自分の力量不足ではないかと落ち込んだり、自信を喪失したりすることはありません。

(2) 事務所に入る前のチェック

　相手先を訪問したら事務所に入る前に、敷地の状況（面積・形状）、倉庫・

工場等の建物の状況（面積・棟数・用途）、全体の雰囲気、外周の様子、目につく範囲の設備・在庫・製商品など、ぐるりと眺めておきましょう。企業を知る情報の一つですし、「敷地が広いですが何坪あるのですか、いつ頃購入したのですか」「あの奥にちょっと変わった建物がありましたが何ですか」とヒアリングにも役立ちます。

(3) 初対面での心がまえ

　ファーストコンタクトでは、相手になるべく好印象をもたれるように言動に留意します。既取引先の場合、担当者が代わっても相手はすぐに受け入れてくれますので、円滑にコミュニケーションが行われ、自分の印象・話し方等を意識することはありません。しかし、新規訪問では、初対面で取引関係もないわけですから、相手がスムーズに受け入れてくれるとは限りません。印象が悪ければ、顔を合わせただけで断られるかもしれませんし、仮に面談できたとしても、早く面談を終了しようとするので、せっかくの話の内容も聞き流されてしまいます。最悪の場合、2回目以降は、"イヤな奴だ"と拒絶されることもありえます。したがって、相手に与える第一印象は大事であり、当初の20秒から、長くて3分程度で印象が決まるといわれています。

　第一印象のインパクトとしては三つの要因があります。一つ目の要因は、「視覚情報」といわれる目から入る情報で、みた目（服装・身だしなみ）、表情（明るい・ニコニコ）、しぐさ（姿勢・動作・くせ）、視線（生き生き）等です。だらしない格好、おどおどした目線、卑屈に感じられる態度ではよい印象を与えません。二つ目の要因は、「聴覚情報」といわれる耳から入る情報で、声の高低、大きさ、話す速さ、口調などです。もごもごと不明瞭な話し方、来訪の意思を伝えるのが不明確、声が小さく元気がないのでは、やはり好印象を与えません。三つ目の要因が、「言語情報」といわれる頭に入る情報で、話の内容やその意味などです。三つとも重要な要因ですが、初対面では、どちらかというと視覚情報や聴覚情報の印象を強く受ける傾向にあり、渉外担当者のセールストークにはあまり関心は示さないのが普通です。たとえば、「当金融機関には○○ビジネスローンがありますので、ぜひ利用して

ください」「決算書をいただければ、長期低利融資について検討します」「当行には経営相談やビジネス・マッチング等の機能がありますが、何かニーズはありませんか」と挨拶もそこそこに何がなんでもセールスしなくてはと、一方的にしゃべっても効果がないということなのです。

　もし、相手先がすぐ融資セールスに飛びついてくるようなことがあれば、それは「危ない先」の可能性が高く、渉外担当者のほうが困惑してしまうに違いありません。それよりも、第一印象で好感を与えて相手の警戒心を解き、雑談等で相手をリラックスさせて、「この人の話を聞いてみよう」という気持ちにさせましょう。そこから、じっくりと企業内容や経営ニーズを聞き出したり、セールスあるいは提案営業を展開したりすれば成功の確率も高くなります。

　ただ、一つ注意しなければならないのは、パフォーマンスの上手な渉外担当者が好印象を与えるかというと必ずしもそうではないことです。俗に口八丁手八丁といわれるような人は、一見、好感がもてそうですが、調子がいい、軽い、中身がないとみられ、信頼感が得られないという欠点にもなります。パフォーマンスが勝ちすぎるよりは、基本的な言動がしっかりしていて、謙虚さと熱意が相手に伝わるような姿勢の人のほうが、かえって相手の共感を呼びます。

(4) 実権者との面談

　実権者（通常は経営者）と面談しなければ取引は進展しないので、臆せずに堂々と経営者に面会を申し込むのがいちばんです。新規担当者は金融機関を代表して訪問しているのであり、当然、相手も金融機関ということで一目を置いています。中小企業ならば、事務所に入って見渡せば、大概は社長の席がわかります。そうしたら「ごめんください。○○銀行です」と大きな声で挨拶をしましょう。経営者とおぼしき人が顔を上げたら、すかさず「社長さんですか？　お忙しいところ恐縮ですが、少々お時間をください」と、目線をはずさずに事務所内に一歩踏み込んで直接声をかけます。事務員が応対した場合には、名刺を渡して、「社長さんにお会いしたいのですがお願いし

ます」と取次ぎを依頼します。「ご用件は何でしょう？」程度のことは聞かれるかもしれませんが、とりあえずは経営者に取り次いでくれるはずです。この場合に大切なのは、事務員を目線でずっと追っていくことです。事務員が経営者に来訪者を告げ、相手が顔を上げて担当者のほうに視線を送ったら、その瞬間に丁寧にお辞儀をすることで、"会いたい"旨の意思表示をします。こうされると大抵の人は、会釈をするとか、腰を上げるとか、何らかのアクションをしてくれるもので、そうなればチャンス到来です。もし相手が「断って！」と事務員に指示しているような気配が感じられたら、遠くからでも、「社長！　少々のお時間で結構ですからお願いします」と声をかけて、なるべく断られないようにするのも一つの方法です。

　もし、社長が不在の場合は、そのまま引き下がらないで「経理担当者（部・課長等）、あるいは次席の方にお会いしたいのですが」とお願いします。せっかく貴重な時間を費やすのですから、手ぶらで帰る手はありません。企業概要等が聞ける誰かに面談できるよう努力をします。こうして少しでも情報の入手ができれば、次回以降は資金提案や経営情報を携え、社長に面会をお願いすれば面談の確度も高まります。ただし、企業規模によっては、いきなり経営者に面談をお願いするのは気が引けたり、職位のアンバランスから受付段階で「ちょっと社長は忙しいので」とやんわり断られたり、あるいは「新規の金融機関が来訪しても謝絶するように」という方針だったり、さまざまな事態に直面します。そのような場合には、ナンバー２（一般的には経理担当者）との面談を目指し、「経理部長（課長）さんにお会いしたい」といった臨機応変の対応が求められます。また、ガードが固くなかなか面談に応じてくれない企業に対しては、支店長等上司の帯同訪問をお願いし、突破口を開くことも有効です。

(5)　名刺とともに伝言メモも

　経営者もナンバー２も不在のような場合は、当然、担当者の名刺を社長の机上に置いてもらうよう依頼するわけですが、このとき、名刺とともに何か関心を引くような提案、情報、あるいは伝言メモを添えられれば印象付けは

できます。また、経営者が不在の場合は、面談ができそうな曜日とか時間帯を確認しておき、次回以降はそのタイミングを狙って訪問します。

(6) 後継者との面談

　一つ注意をしておきたいのは、社長の後継者（一般的には直系尊属）との接点です。経営者だけに目を向け、後継者には思いが至らないことが多いのですが、後継者は真のナンバー２であって経営者に対する影響力は強いものです。社長不在の折には、事務員に「ご子息さんにご挨拶したいので、どちらですか」と聞き、名刺交換程度はしておきたいものです。もちろん面談に応じてくれればしめたものですが、立ち話で少し会話が交わせればそれでよいでしょう。以後の訪問においても、後継者が在席していれば、挨拶とか一言声をかけるよう心がけます。取引金融機関の担当者というのは経営者ばかりに気を遣い、あまり後継者とコミュニケーションをとっていなかったりするので、その隘路を突いて後継者にも敬意を表しておくことが、いずれ取引の後押しの効果を生みます。

2 面談の入り方

(1) 切り出し話法の重要性

a　雑談の効用

　初対面の面談のとき、いきなり用件を切り出さずに、その前振りとして切り出し話法を取り入れると堅苦しい雰囲気が和らぎ、相互の距離が縮まります。名刺交換が終わり着席を促されたら、そこから会話が始まります。「今日はお忙しいところお時間をいただきまして、ありがとうございます。このたびの転勤で、こちらの地区を担当することになりましたので、お取引をいただこうとご挨拶におうかがいしました」と切り出したら、さらに続けて「今年は杉の花粉が例年の５倍飛ぶそうですが、社長さんは花粉症のほうは

大丈夫ですか。私は毎年悩まされているので恐怖です」とつなげれば、「僕（社長）も花粉症だ」とか「僕（社長）は大丈夫だが、家内がひどい」とか花粉症の話題でコミュニケーションが成立します。あるいは、「ここのところインフルエンザが猛威を振るっていますが、社長さんは大丈夫ですか」などと、日常の事象などで共通する話題を投げかけ雑談することで、スムーズに会話を進めることができます。話題は何でも構いませんが、無難な話題は"気候・天気・趣味・ニュース・旅行・健康・家族・姓名・衣食住"などに関することで、宗教・政治・病気・主義・信条の話題は好ましくないので注意が必要です。このような切り出し話法も含めた、いわゆる「雑談の効用」を上手に利用することは、初回に限らずいつの面談においても必要です。

b 雑談のタネ探し

面談のつど、企業内容のヒアリングやセールスばかりでは相手もウンザリして、会話は長続きしません。そこで、会話の合間にちょっとした雑談で話題の転換を図り、一息入れます。たとえば、「そういえば、この間、地元新聞にB級グルメが紹介されていましたが、有名なのですか」といったような雑談をすることで、雰囲気がリラックスしたり、会話が広がったり、時には相互に共通する事柄を発見できたりします。よくいわれることですが、初回訪問で雑談のタネを見つけようとしたら、面談場所の周囲で目についたことを取り上げるのも一つの方法です。社是社訓、ゴルフコンペのトロフィー、表彰状、花や絵などのみたものを話題にすれば、簡単かつ自然に雑談ができます。たとえば、ゴルフ会の優勝トロフィーをみかけたら、「社長、どこのコンペで優勝なさったのですか？ お上手ですね。私なんか110を切るのがやっとですよ」「いや、これは○○銀行のゴルフ会だけど、まぐれで優勝したんだよ」とちょっとした雑談で、取引金融機関の情報が得られます。この会話をきっかけに、「○○銀行さんとは長い取引ですか」「そうだね、会社設立のときからだよ」「会社をおつくりになったのはいつ頃ですか」「今年で30年目だ」「そうですか、ここまでご苦労も多かったでしょう」「それなりの苦労はあったよ」「最近の業況はいかがですか」というように話題の展開を図り、知りたい情報を聞き込んでいくこともできます。

(2) 人間的側面を知る

　心理学者曰く、"知らない人同士の接触においては二つの法則"があります。
a　熟知の法則
　一つは"熟知の法則"で、人は知らない人に対しては冷淡、批判的だが、人はその人を知れば知るほど好きになる傾向があり、"人は相手の人の側面を知ったとき、よりその人に親しみを感じ好意をもつようになる"ということです。経営者との面談では、企業内容はどうか、融資対象先として妥当か、経営者の資質はどうか、資金ニーズの有無は、経営ニーズは何か、取引金融機関に不満はないかなど、商業ベースの会話をしがちですが、そこには経営者の人間的側面、つまり一個人としてのプロフィールをつかもうとしていないのです。

　では、人間的側面とは何でしょうか。それは、生育地・出身地、出身校、趣味、好きなスポーツ・映画・タレント、食べ物、子ども・孫のこと、健康法などであり、その人の固有の事柄です。渉外担当者として経営者の側面を知ることが重要なのは、取引交渉相手としてではなく一個人として身近に感じられ、リラックスして面談ができるのでコミュニケーションもスムーズにとれるからです。逆に、渉外担当者の人間的側面も経営者に知ってもらうことも大切で、雑談のなかに取り入れることが必要です。もし、経営者と渉外担当者の側面との一致点や類似点が見つかればしめたものです。たとえば、出身校の先輩・後輩関係、熱烈な阪神ファン、趣味が共通、同郷、経営者の孫と渉外担当者の子どもとが同学年等というようなことでもあれば、それだけで相互の距離はグ～ンと縮まることは間違いありません。経営者の側面を知るためには意図的に会話を仕掛けなければなりませんし、それに合わせて渉外担当者の側面を話したり、会話の合間にそうした話題をちょっと入れたりすることで効果をあげることができます。側面を知るというコミュニケーションの基礎的なことを怠ると、"数年間も顧客と接していて、相互の趣味が囲碁だということに気がつかなかった、次の担当者のときに初めてわかっ

た"という残念な結果に見舞われることになります。

b　単純接触の原理

　もう一つの法則は、「単純接触の原理」で、人というのはじっくりと1時間かけて、たった一回会って話すよりも、たとえ短時間でも2回、3回と繰り返し会うほうが好感度は上がるといいます。一度や二度の訪問でガードが固く、脈がないとあきらめずに、何度でも訪問を重ねることで経営者の好感度が上がれば、取引開拓につながることも十分ありえます。実際の事例としてこのようなケースもあります。3～4回訪問した時点でやっと社長に面談ができたものの、社長は工場にいることが多く、その後、継続して面談ができない状態でした。一方、長女が経理の実権者として金融機関との取引関係を仕切っていることから長女へアプローチをしましたが、初めはけんもほろろの対応で、とりつく島もありませんでした。それでもくじけずに何回も事務所を訪れ、カウンター越しに長女に明るい挨拶と一声かけているうちに、やっとのことでコミュニケーションがとれるようになりました。その後はじっくり面談できるようになり、新規設備更新資金について長女も後押しをしてくれたことから融資取引の成約に至りました。後日、長女が語るには、「最初は用もないのに煩わしいと感じたが、かける一声がさわやかで、時にはジョークもあり何か親しみを感じてしまった。それに何度も熱心にくる姿勢がいじらしく、取引をしてもいいかなという気持ちにされてしまった」とのことでした。そうはいっても、毎回、ヒアリングの繰り返しや融資のお願いでは、ウルサイとか面倒と思われてしまえば逆効果なので、経営者が関心を示すツールを持参するとか、企業ニーズに対する情報提供をするなどの工夫が必要なのはいうまでもありません。

3 面談の姿勢

(1) 面談方法の工夫

経営者の年代やタイプにより、面談姿勢や会話に留意します。

a　年代の離れた経営者

2代目や3代目などである程度成功してきた経営者は、自分の信条・カラーといったものを出したがります。また、渉外担当者が自分の子どもとか孫と同世代となると、親心から鍛えてやろうとか、教訓をしゃべりたがる傾向があります。経営者の"思い入れ""こだわり"にじっくり耳を傾け、感嘆や共感の意を表します。

b　若い経営者

バリバリと働いている若い経営者ほど意思決定や行動が素早く、合理的思考をしますので、余計なお世辞や冗長な会話はかえってマイナスとなるので注意します。時には、渉外担当者を試してやろうと質問をしたり、渉外担当者の意見を聞いてきたりします。はぐらかさずに答えることが大切ですが、経営者の意思にそぐわないと感じたら、「社長のお考えはいかがですか？」と切り返してみて、その発言に同調することも必要です。経営者によっては議論を好む人もいるので、この場合はしっかり意見を交わすことが信頼・親近感を呼ぶことになります。

c　強面とか気難しくてとっつきにくそうな経営者

こうしたタイプと面談すると、気の弱い渉外担当者は物怖じしてしまい、オドオドしたり会話もスムーズに運ばなくなったりしがちです。このような場合には、「私は口下手なものですから…」「緊張していますので…」と素直に自分の状態を最初に伝えておけば、気が楽に面談ができます。後は自分らしさを出して、真剣な熱意にあふれた姿勢で面談に臨みます。とっつきにくそうでも根は心優しい人が多いので、みた目で判断しないことです。

d 金融機関に批判的な経営者

　金融機関融資の必要性は認識していますが、一方では何か反感をもっているとか、嫌味の一言でもいいたいという経営者もいます。こうした経営者には、「そんなことはありません。実際は○○で…」「それは誤解してます。○○の点を勘違いしてるようで…」「金融機関も大変なんです」といった否定的な意見を述べてみても、理屈っぽいとか、自己弁護ととられかねません。「私たちも気をつけなければならない点もありますね」「社長のご意見は参考になりました」と、無難な受け答えをしておくのが賢明で、議論となることは避けます。

(2) 「話す」営業から「聞く」営業へ

　立て板に水のようにペラペラしゃべる担当者が成功する担当者ではありません。よい担当者というのは聞き上手であって、多少口下手でも、徹底的に聞き役になることです。聞き役といっても、ただ相手に話をさせればよいのではなくて、聞き方のルールがあり、①頷いたり、身ぶり手ぶりを加えたり体で聞く、②表情や声に出す（感心、驚き）、③相手をしっかりみる（興味をもっていることを示す）、④相づちや質問を上手に使って話を促す、といったことが主要なポイントです。面談においては円滑なコミュニケーションを心がけて、いかに相手先のことを知るかということが重要なのであり、商品セールスや自分本位の話をしたりすることは後回しにして、傾聴姿勢に徹することが成功の秘訣です。

(3) 意図をもって質問し、知りたいことを聞く

　ただ、漫然と会話をしているだけでは必要な情報が十分得られないおそれがあります。そこで、傾聴しながらも、金融機関として知りたいことは意図的に質問をしたり、話を誘導したり、深掘りしたりして聞き出さなければなりません。"知りたいこと"とは、企業実態、経営課題、資金ニーズ、取引金融機関の借入条件など、"貸せる企業かどうか"を見極めるための情報です。たとえば、「また原材料の高騰という悩ましい問題が起きつつあります

が、御社への影響は？」と意図をもって質問するのは、「影響はあるが、何とか経費見直しで吸収できる」「影響は大きい、なかなか値上げはできないし…」「高騰対策として、今のうちに原材料在庫を手当てしようと思っている」などの経営者の返答から、企業の耐性度や業績の状況、あるいは在庫積増資金ニーズ等の情報を得るためです。

(4) 知ったかぶりは禁物

　簡単にわかってしまわない、知ったかぶりしないことです。いろいろとヒアリングをした結果、わかったような気になっていますが、実は勘違いで本当はよくわかっていないことが多いのです。これは、①聞き方が表面的、②何を聞けばよいかわかってない、③独り合点してしまう、④こんなことを聞いたら恥ずかしい、⑤面談時間の不足等から起こるのですが、企業の履歴・特性、経営者の資質、業績状況など、30分や1時間のヒアリングでそう簡単に把握ができません。だから聞いた情報を頭の中で整理して、よくわからないこと、もう少し詳しく知りたいことを落ち着いて質問をしながら情報の蓄積を図っていけばよいのです。また、中途半端な知識しかないのに、知ったかぶりをして、相手の話をよく聞かなかったり、話を遮って意見をいったりすると、相手は興ざめしたり、不快になったりして口を閉ざしてしまうかもしれません。だから、知ったかぶりはせずに、真摯で素直な姿勢で聞き役に徹し、余計な口は挟まないように注意しましょう。渉外担当者としては、上司から訪問企業の内容等についていろいろ聞かれたときに、きちんと受け答えができなければ、内容のつかみ方がまだ不十分な証拠です。

(5) 会話から本音を聞き取る

　新規訪問では、ときどき冗談交じりにこんなことをいう経営者がいるものです。「ウチのような貧乏会社へ来たってしょうがないよ」「これ以上借金したら首が回らないよ」「うちなんか来ないでほかに行ったほうがいい」「赤字だらけの会社でも金を貸してくれるの？」「メイン行は支店長が借金取立てによく来るよ」「ちょうどいいところへ来た。お宅で3,000万円貸してくれ

る?」とうそぶくのですが、渉外担当者としてどう感じるでしょうか。危ない先だから今後訪問するのを止めるか、それとも冗談がいえるほど業績がよいと思うか、あるいは渉外担当者をからかっているだけなのか、このフレーズだけではホンネや感触がよくつかめません。たとえば、「メイン行は支店長が借金取立てによく来るよ」といったとしても、借金取立てうんぬんは言葉のあやであって、ホンネは優良先だということをいいたいのかもしれません。「3,000万円貸してくれるかな?」といったのは、資金繰りに窮していて本当に借りたいと思っているのか、借入予定はないが、渉外担当者がどう反応するかみたかったのか、どちらかです。

　こうした場合は、話の感触、経営者の表情・態度やヒアリングで得た情報をミックスして、その真実、実態をつかんで対応することが必要です。対応次第でビジネスチャンスになるかもしれないし、逆に失うかもしれません。ホンネを汲み取るにはこんなフレーズで切り返します。「借金取立てによく来るよ」といわれたら「社長！　ホントに苦しい先は"借金取立て"なんていいませんよ。支店長が来るほど御社は良好な企業なのですね。当行もぜひその仲間に加えてください」と返して、「借金取立ては冗談だよ。支店長はよくくるけどね」ということになれば、取引に値する企業との感触が得られます。また、「3,000万円貸して」といわれたら、即座に「ありがとうございます。早速、支店長に報告、相談しますので、何にお使いになるか、融資条件のご希望についてお聞かせください。そして決算書類は3期ご用意ください」と話を詰めていき、「いや、特に必要じゃないのだけど、ちょっと条件を聞いてみたかったから」となれば、今後、設備資金など何か予定があるのかもしれません。

(6)　事情聴取にならない

　"事情聴取"にならないようにヒアリングします。相手先の内容を把握したいがために、次から次へと質問攻めにしたり、問いただしたり、しつこく聞いたり、まるで取調べでも受けている感じにならないように気をつけないといけません。その意味で、ヒアリング中にメモをとることは、なにか調査

されているような雰囲気を与え感じが悪いものです。またメモに気をとられて相手の話に集中できないとか、次に何を質問しようかという組み立てもできないので、かえって効果的なヒアリングができないのではないでしょうか。その場でメモをとらなくても、帰店してからでも情報の記録は間に合いますし、訪問のつど、記録・メンテナンスを続けていけば十分です。どうせ融資案件が現実味を帯びてきたり、具現化したりした時点で、再度綿密な調査やヒアリングを行わなければならないのです。

4 訪問段階に応じたヒアリング・折衝ポイント

(1) まず、情報収集から

初回訪問では、「ぜひ、融資取引を考えてください。決算書をいただければ検討します」とか、「設備資金はどうですか」といった融資セールスはあまり行わないほうがよいです。セールスして断られるならまだよいですが、「よしそれなら」と申し込みされたものの、謝絶ということにでもなれば、トラブルも考えられるので注意が必要です。そもそも、すぐに融資に飛びつくような企業は、むしろ"危ない企業"と考えるべきです。したがって、「貸せる企業かどうか」を見極めるための情報収集から始めるのが基本です。

(2) 相手に多く語らせる

新規訪問先は通常、企業内容や経営者資質がほとんどつかめていないので、事業活動、業況、経営課題、資金ニーズ、金融機関取引状況等についてヒアリングを行い、できるだけ相手に多くのことを語ってもらうことが大切です。その場合、初回、2回目…という訪問段階によって、ヒアリング事項や折衝ポイントの順序が決まっているわけではないし、特に決める必要もありません。ヒアリングというのは、話の展開に応じて変幻自在に変化すべきものだからです。また、面談時間にしてもそう長くとれないので、一度で

聞ける情報にも限りがあります。ましてや新規訪問に対しては、業況でも「なかなか厳しくてね」「売上げもたいしたことないよ」「われわれ中小・零細企業では利益なんか出ないよ」と具体的な数値はなかなか話してくれないし、よほどのことがない限り、「2～3カ月中に設備投資を計画している」「資金繰りでこれだけ必要だ」「取引金融機関の借入金は○○千万円で、金利は短期△％、長期△％前後だ」などと話してくれることはありえません。やはり、まずは相手とのコミュニケーション関係を築き、何回か訪問を繰り返しながら質問を投げかけ、相手の反応をみながらそのなかで探っていくしかありません。

(3) 初回訪問のポイント

初回訪問ではどんなことに焦点を絞ってヒアリングすればよいのでしょうか。一つの目安としては、①会社概要とヒストリー、②経営者の経歴、③業況（売上推移や収益状況）、④取扱商品・製品と売上構成比、⑤主要な販売・仕入先と各取引シェア、⑥取引金融機関等です。こうして得られた情報から、訪問先を選別して優先順位をつけ、2回目以降の訪問活動を効率的・効果的に行うことが大事です。

(4) 「きっかけ」ツールの有効活用

ヒアリングをするだけではなく、きっかけツールや、提案ツールを用いることもインパクトがあります。初回訪問では、担当者の説明を要するような欲ばったツールより、担当者の身近で入手できる自行の企業支援パンフレット、公的機関・民間で開催する営業強化・人材育成セミナーといった案内、各種調査レポート、経営に参考となるニュース・マスコミ情報など、簡潔で一瞥してわかるツールのほうが効果的です。経営者のツールに対する反応やコメントから、経営課題や企業ニーズを発掘できれば、「その件につきましては、次回までに調査してご提案させていただきます」と次回訪問の糸口とします。

(5) 質の高いヒアリング

2回目以降の訪問活動では、初回時のヒアリング事項をまとめたうえで、一つは、引き続き「貸せる企業かどうか」の目利きをするための情報収集活動をしていくことです。販売形態・製造形態、強み弱み、競合状況、ライバル企業との差別化、マーケット動向、技術力、設備状況、経営課題や企業ニーズ、経営戦略や経営資源等、さらなる情報を得るためにヒアリングを重ねていきます。一つは、融資セールスに備えて、資金ニーズの見込み、取引金融機関の借入状況（借入額・金利等）、取引金融機関への不満について重点的に聞き出し、ビジネスチャンスに結びつけることです。一つは、経営課題解決型の営業を目指し、提案、情報提供、アドバイスなどのプレゼンテーションをしっかりすることです。

(6) 有効な提案・提示

ある程度情報が集積し、「貸せる企業」との見込みがついたら、積極的に融資セールスを展開します。このとき"決算書ありき"ではなく、戦略的融資商品のセールス、金利での誘引、掘起し資金の提案、外部資金とのセット資金の提案等で、相手にも具体的な反応が現れます。

Chapter 6
定性面のヒアリング・チェックポイント

重要ポイント

1 定性面とは、事業活動、経営環境、マーケット動向、景気変動、規制緩和等の動向、環境対策など、収益に影響を与える事業の仕組みのすべてです。

2 定性面と定量面は、「定性面が強ければ定量面よい、定性面弱ければ定量面悪い」と密接な関係にありますが、業歴の浅い企業では定性面の強みに重点を置いてチェックします。

3 企業のライフサイクルは、創業→成長期→円熟期→慢性期→発展あるいは衰退というステップであり、どのステージにあるかをチェックします。

4 企業ヒストリーのポイントは、企業が歩んできた沿革のことですが、年表的な事柄だけではなく、創業経緯から現在に至る企業活動に係る諸々の事象や情報のことです。

5 人的要素のポイントは、経営者の資質と組織体制、幹部社員・キーパーソンおよび従業員です。

6 事業活動の基本ポイントは、「何をどのくらい販売あるいは製造しているのか」「誰にどのくらい販売しているのか、誰からどのくらい受注しているのか」「何を、どこから、どのくらい仕入れているのか」です。

7 重要なのは主要な販売先・受注先との取引の安定度であり、その主要先の信用度です。

8 製造業の生産・受注形態のポイントは、専属的な下請生産か横断的な下請生産か、顧客からの依頼に基づく受注生産か、需要予測による見込生産か、受注生産と見込生産の混合生産か、自社ブランドとしての生産かです。

9 販売業の主たるポイントは、競争力ある新商品の開発・投入や売れ筋商品の仕入れ、長期的視野での営業力の強化、販売形態、新規顧客開拓する意欲と能力です。

10 マーケティングの4ポイントは、Product（製品政策）、Price（価格政策）Place（流通政策）、Promotion（広告・販促政策）です。

新規開拓先においては、決算書の入手は困難だし、企業情報も限られています。そんな状態で及び腰の融資セールスをしても相手は反応しないでしょうし、かといって「待てば海路の日和あり」と相手の打診を待っていては、新規開拓は困難です。そこで経営者との面談において、「貸せる企業かどうか」の情報を収集することが大事で、そのためには定性面・定量面のヒアリングスキル・ノウハウが要求されます。ヒアリング項目の順序は自由であり、会話の状況や流れに従って、知りたい事項がきちっとヒアリングできればよいのです。

1 定性面とは

　定性面とは何を指すかといえば、企業活動としては組織体制、人材、設備、営業、販売・生産・仕入形態、マーケット戦略、コンプライアンス等の内部監理等、外部環境としては経営環境の変化、マーケット動向、景気変動、規制緩和等の行政、環境対策など、収益に影響を与える事業（ビジネス）の仕組みのすべてです。しかし、定性面の問題は定量面（財務諸表に表れる活動結果の計数）と違い、客観的に判断・判定する基準が不明確で個人的主観が入りやすい点には注意を要します。近年は、グローバル経済の進展、新興国との競合激化、海外への生産移転、内需では少子高齢化・人口減少局面に入るなど、一企業の経営努力だけではカバーしきれない問題に直面しているだけに、定性面といっても不確定要素が大きくなっています。したがって、定性面は定量面とセットにして、業績順調であれば定性面のどこに強みがあるのか、業績不振であれば定性面のどこに弱みがあるのかを分析することが必要です。新規開拓先ではいきなり決算書類は徴求できませんが、ヒアリングである程度の定量面の感触はつかめますから、定性面とあわせて企業の目利きをすることは十分可能です。そして定性面と定量面の関係の現実は、「定性面が強ければ定量面よい、定性面弱ければ定量面悪い」といえるのではないでしょうか。

なお、業歴の浅い企業の見方について一言注意をしておきますと、創業４～５年の企業では、現状の業績もさることながら、今後の成長が見込める定性面の強みに重点を置いて目利きをすることのほうがより重要な場合もあります。以下に解説する定性面のチェックポイントは汎用かつ共通的なポイントであり、業種別特性は別途に研究することが必要となります。

2　企業のライフサイクルのポイント

(1)　企業の成長ステージの過程

創業　→　成長期　→　円熟期　→　慢性期　→　発展／衰退

- **❶成長期**：経営者資質が優秀で、努力してライバル社との差別化を図り、独自のビジネスモデル・技術等で競争に打ち勝っていきます。
- **❷円熟期**：経営が安定し業界シェアもそれなりに確保し、経営者のステイタスも高くなります。
- **❸慢性期**：横ばいの状態で安住してしまい変革に鈍感となると、いつの間にか組織が肥大化し、ライバル社が台頭し競合が激しくなります。また、経営者が交替期を迎えます。
- **❹発展・衰退**：慢性期を乗り切って、さらなる成長ステップに経営の舵をとれるか、それとも衰退していくかに分かれていきます。

(2)　衰退ステージ

　衰退ステージの要因としては、後継者の資質不足、新商品開発・新技術取組みの遅滞、放漫な設備投資・商品開発、効率化・合理化体制が不十分で価

格競争に劣後、組織が旧態依然で人材の流出や採用ができないなどによります。こうした問題は老舗企業にありがちなパターンで、ネームバリューにとらわれず、どのステージなのかしっかり見極める必要があります。

3 企業ヒストリーのポイント

ヒストリーとは企業が歩んできた沿革のことですが、会社経歴書の年表的な事柄だけではありません。創業経緯から現在に至る企業活動に係る諸々の事象や情報のことであり、そのなかには経営者の属性等に関する事項も含まれます。

(1) 基礎的情報

業種、創業（設立）年、資本金、代表者名、本社・工場・事業所・支店等所在地、売上高、従業員数、取引金融機関等はヒアリングしておきたいものです。サブ的な位置づけとして、株主構成、役員については訪問を重ねるなかで聞き出せればよいです。

(2) 沿革について

①誰が創業したか、②創業に至った経緯はどういうことか、③いつ創業したのか、④個人創業の場合は、いつ法人成りしたのか、その時の経営者は誰か、⑤経営は誰にどのように受け継がれてきたか、⑥商号の由来、⑦本社・工場・事業所等は創業時と同一場所か、あるいは、どこからどこへ移転してきたのか、移転した経緯は何か、⑧取扱商品や製品あるいは受注事業等はどう変わってきたか、なぜ変わってきたのか、⑨自行との過去の融資取引の有無、あればなぜ取引が切れてしまったのか、⑩先代の時代も含めて過去の苦労話、たとえば、業績不振に陥った、経営者の急死、主要取引先が倒産した、外注先が倒産した、不良品発生で苦しんだ等、⑪現在の取引金融機関との取引年数と取引の経緯、メイン金融機関になった理由等です。これらのヒ

ストリーをヒアリングすることで、いろいろな情報が必然的に得られます。

▼ **応酬話法の事例**

> Q 社長のところでも、過去には大変な時期があったのですか。
> ― 先々代の頃に、主要取引先の倒産の煽りで危ない時期があったようだ。
> Q それはいつ頃ですか、よく危機を乗り切りましたね。
> ― 20年前かな？　その時、A銀行B支店長が奔走して資金の面倒をみてくれたので、助かったそうだ。
> Q それでは、A銀行には恩義がありますね。それ以来メインバンクですか。
> ― そうだけれども、もう昔のことだから…、今は、A銀行もちょっとノンビリしてしまっているよね。
> Q ノンビリというと、どういう点ですか。
> ― いわないと金利は引き下げしないし…。何かというとお願いばかりで、たまには経営に役立つ情報でももってきてほしいよ。
> Q 経営に役立つ情報とは、具体的にどのようなことですか。

　このように、ちょっとした質問から会話を進めていけば、メインバンクとその経緯、経営者のメインバンクに対する不満、経営ニーズ等を聞き出すことができます。たとえば、経営ニーズが聞ければ、それに対する情報提供を約束して、2回目以降もスムーズに訪問することができますし、経営者の信頼も得られます。

(3)　法人資産

　主として不動産に関する情報で、①本社・工場・事業所等の敷地面積、②敷地の取得時期と経緯、③購入時の価格、④本社・工場・事業所等の建物面積、⑤建設時期、⑥建設費用等についてヒアリングします。まずは、訪問時に目に入る範囲の用地・施設について質問をし、ほかの用地・施設は判明したつど、聞くようにします。この目的の一つは、当時どの程度の設備投資力があったのか、移転している場合には事業拡大の様子をつかむことにありま

す。一つは、建物の建設時期から、老朽化による改修や建直しの資金ニーズはどうかを調べることにあります。最後は担保価値の問題で、用地取得価格と推定時価との差が大きければ担保余力があるかもしれませんので、融資時の保全として考えられます。

(4) 経営者の経歴

　年齢（生年）、入社までの履歴、自社での経験、出身地、住居地、家族構成、趣味、出身校等についてヒアリングします。この目的の一つは、自社の事業活動について十分な経験・知識を有していて、リーダーとして問題がないかです。一つは、出身地・出身校・趣味等の側面的なことを知ることにより、渉外担当者と人間的側面での接点はないかを探るためです。なお、経営者の自宅については所在地だけではなく、居住時期、戸建てかマンションか、広さ、同居家族、購入時の価格等についても情報を入手しましょう。高級な自宅ならば、それは役員報酬・賞与が高額で企業業績が良好であるということの証にほかなりません。

4　人的要素のポイント

(1) 経営者の資質と組織体制

― 自らが営業や現場で汗を流す実践行動タイプですか。
― 大層なことをいうが、口先だけで中身や具体策に乏しく行動が伴わないことはないですか。
― 本業よりもロータリークラブ等の名誉職活動に熱心ではないですか、またゴルフ等の遊興・趣味はほどほどですか。
― 事業に対する経験、専門的知識、技能の習得に関して十分な経験を積んでいますか。
― 部下や他人に厳しく自己に甘くないですか、また公私混同をしやすいタイプ

ではないですか。
― 会社・個人を問わず資金運用に関しては健全・常識的範囲であり、過度な投資や投機を慎んでいますか。
― 役員（経営者一族）の報酬等は適正な範囲ですか、会社が苦境になったら役員報酬をまず削減しそうですか。
― 金融機関とはよきパートナーとして円滑な関係維持をする謙虚さはありますか、それとも傲慢で威嚇的なタイプですか。
― 経営ビジョンは独りよがりやイメージ先行型ではなく、実現可能で納得できるものですか。
― 目標や具体策・タイムテーブル等が明確に策定され、従業員に徹底されていますか。
― 部下のやる気を刺激する賃金・退職金制度や人事制度等への取組みや工夫をしていますか。
― 部下を理解しようという姿勢や部下に助言・指導・支援する姿勢は十分ですか。
― 一方的・独断的な指示・命令を与えたり、厳しさが行き過ぎたりしていませんか。
― 率先垂範行動によるリーダーシップを発揮していますか。
― 職場に活気が感じられますか。
― 取引先の協力が得られるよう、日頃から相手先の人心掌握に努力していますか。
― マーケット・業界動向・競合先等の状況から、自社シェアや市場見通し等を的確に把握していますか。
― 計数の管理能力は十分ですか（損益分岐点、財務状況、採算管理等）。
― 経営環境の調査分析をふまえたうえで可能な事業計画を策定し、全員に周知徹底を図っていますか。また、計画の進捗状況のチェック・分析や環境の変化に合わせた見直しを常時行うようにしていますか。
― 自社の強み・弱みや問題点等を正確に認識して、改善に真剣に取り組んでいますか。

― 経営者の先見性は、業界環境や市場動向から判断して、革新性・実現性・妥当性がありますか。
― ITを積極的に戦略に活用していますか、また経営者自身がITに強いですか。
― 意思決定は迅速でぶれないですか、一度意思決定したことは最後までやり遂げる姿勢がありますか。
― 結果については、環境や部下等他のせいにすることなく、最終責任を負っていますか。
― 権限規程・職務分掌規程・服務規程・マニュアル等の策定と整備状況はどうですか。
― 給与・賞与・退職金規程や人事考課規程等が整備されていますか、それとも経営者の恣意的ですか。
― 不採算取引や拠点および不採算事業・部門の見直しや撤退戦略の決断力はありますか。
― 果敢な新事業への進出やビジネスモデルの変革への取組姿勢はどうですか、常に問題点の解決に向けて継続的なチャレンジ精神力はありますか。
― ネガティブ思考ではなく、ポジティブ思考でビジネスチャンスをとらえられていますか。
― 後継者となる人材は世襲に限らず、能力のある人材を考慮していますか。
― 後継者候補に対して、帝王学としての特別な教育や指導、訓練を行っていますか。
― カリスマとかワンマン経営者のもとでは、適正な後継者が育たない問題がありますがどうでしょうか。
― コンプライアンス・リスク管理態勢やPL（製造物責任）態勢は整っていますか。
― 顧客情報データが整備・メンテナンスされており、有効に活用していますか。
― CS向上への取組みは顧客志向の視点に立ってなされていますか。
― 環境問題に対する取組みを行っていますか。

(2) **幹部社員・キーパーソン**

― 資質は高いですか、独善的で組織をはみ出さないですか。
― 経営者をしっかりサポートしていますか、また経営者の独走・モラルなどの牽制機能を果たしていますか。
― 能力に見合った処遇・権限委譲と責任は明確にされていますか。
― 責任者に不満があり退職という事態に陥ると、製造部門責任者の場合には、生産・品質・労務管理など円滑な操業に支障をきたし、営業部門責任者の場合では、販売先の情報・コネクションが転職先で有利に利用されます。
― キーパーソン（匠・熟練工・有資格者等）の代替者がいますか、養成していますか。

(3) **従 業 員**

― 定着率は高く離職者は少ないですか。
― 従業員の教育や研修に十分な投資が行われ、実のある効果が表れていますか。
― 従業員の会社に対する満足度（やる気・職場環境・雇用条件等）は高いですか。
― ベテランに頼りすぎて、若年層の育成・後継対策が遅れていないですか。
― 部下への権限委譲や情報の共有、情報のスピーディーな伝達の仕組みはどうですか。
― 従業員の労務・服務等の管理は適正に行われていますか。
― 事故・不祥事防止対策は万全ですか。
― 若年労働者不足を補うために、中途採用や外部人材の活用を積極的に行っていますか。

5 事業活動の基本ポイント

(1) 取扱製品・商品と販売高

a　取り扱う製品・商品を知る

「何を」というのは、製品・商品の種類や内容の特徴（特殊品・少量高級品・独自ブランド・付加機能・デザイン等）などを把握することです。たとえば、**食肉卸業**では、牛・豚・鳥・羊の肉・内臓、ダチョウ・ワニ・カンガルー肉、ハム等の加工品、ステーキソース等の調味料、冷凍食品など多種多様な商品を扱っている場合もありますし、逆に、高級牛肉だけに特化している場合もあるでしょう。販売する商品の状態にしても、枝肉、部位切り分け、ブロック、ひき肉、下調理ずみ等がありますし、牛肉ならどの程度の品質（A3～5ランク）を扱っているのかなどいろいろなケースがあります。食肉卸で加工品、調味料、冷凍食品と品揃えをしている理由を聞くことも大事です。ユーザー側は一括して発注できる利便性があり、競合先に対するアドバンテージを得ているとすれば、この企業の強みということになります。**プラスチック部品製造業**なら、家電部品とか自動車部品に使われているといった程度では、「何を」を理解したことにはなりません。家電部品なら液晶テレビ（メーカーも聞く）裏面のコードケースに使われているとか、自動車部品（メーカーも聞く）ならギアボックスの内枠部品とか詳細を聞くことです。大抵は事務所には部品が置かれていたり、カタログがあるので、それらをみせてもらうことでより「モノ」を理解します。液晶テレビ関係なら、デジタル化需要が一段落してその反動の影響はどうか、対策はどうするのかというように、部品一つから話題を展開していくことで、ヒアリング効果を高めます。

b　取引高を知る

「どのくらい」というのは、製品・商品別の売上高や構成比、数量、主要品目とその集中度を把握することです。食肉卸業の売上げを例にとると、牛

肉：年商7,000万円・35％・30トン、豚肉：5,000万円・25％・25トン、鳥肉：4,000万円・20％・40トン、加工品：2,000万円・10％、冷凍食品：1,000万円・5％、残りはその他です。さらに牛肉では品質による売上状況、Ａ５ランクは○％、Ａ３～４ランクは○％等をヒアリングしていきます。仮に、Ａ５ランクのウェイトが90％であり、その理由を聞いたところ、高級品路線による高収益率確保が経営戦略で、品質にはユーザーの絶対的信頼を得ており、売上げも安定しているというようなことがわかります。

(2) 販売・受注先と販売高

a 販売・受注先

「誰に」というのは販売・受注先のことを把握することです。ただ、取引先が多く、各売上シェアも横並びならば個別的な取引先はあまり意味がなく、この場合は取引先の業態・顧客層単位で把握する程度でさしつかえありません。**食肉卸業**ならば、販売先はホテル約50軒、外食業界80軒、弁当業界30軒といったようなことです。小売業のように来店する個人顧客が中心の場合は、顧客層（男女、年代、地域等）単位で把握します。主要取引先については個別に具体的に把握したいのですが、ヒアリングできたとしてもそれで満足してはいけません。重要なのは、主要取引先との取引の安定度であり、その取引先の信用度です。取引の安定度とは、これからも長期的に安定的な取引が可能なのか、それとも価格面等でライバルに移ってしまう危険があるのかといったことです。その点を確認するには、取引経緯、取引年数、人的コミュニケーション、ライバルに参入を許さない強み（価格、配送体制、技術等）などについて聞いてみることです。

取引先の信用状態については経営者も強い関心をもっていて、営業マンからの報告や業界の風評、売上げの回収条件の変化等からウオッチングしているので、どのような取引先なのかを聞いてみることが先決です。なお、製造業においては生産形態・受注形態も重要なポイントになるので、忘れずにチェックする必要があります。

b　売上げ・受注高とシェア

「どのくらい」というのは、取引先ごとの売上げ・受注高とその売上シェアをつかむことです。10社との取引があり、シェアは1社で70％、9社で30％とか、75社との取引で、シェアは上位5社で50％、70社で50％とか、主要取引先のシェアが高いことは、メインとなる取引が確保されている点ではメリットですが、その先が倒産したり、売上げが落ち込んだりしたときのダメージの大きさを考えると、デメリットでもあります。だからこそ、安定度・信用度が重要ファクターなのです。

(3) 仕入先と取引原材料・商品・量

仕入れについても、販売・製造と同様なことをヒアリングするのですが、ともすると仕入れについてはやや関心が薄いように見受けられます。原材料の高騰・不足、仕入先の倒産等による仕入れの不安定化、あるいは原価引下げのための仕入先の見直し、海外からの調達、原材料の変更などの課題が発生しており、仕入れに係る定性面の重要性が増しています。このような課題にどう取り組んでいるのかをしっかりつかむことが求められます。

食肉卸売業を例にとってみると、国産牛は食肉卸売市場から15％、輸入牛はオージービーフで国内大手食肉加工メーカーから80％、この大手メーカーとは、価格は3カ月ごとの見直し制で長期取引契約締結しており、仕入れに支障をきたすリスクはきわめて低いなどといったようなことです。

(4) 売上債権の回収条件と買入債務の支払条件のヒアリング

売上債権とは売掛金と受取手形で、回収条件とは売掛金の平均期間、現金（小切手・送金）と手形の回収比率、受取手形の平均サイトです。買入債務とは買掛金と支払手形で、支払条件とは、買掛金の平均期間、現金（小切手・送金）と手形の支払比率、支払手形の平均サイトです。これをヒアリングする目的は、①経常運転資金を捕捉すること、②手形割引の融資セールスの可能性を探ること、③回収・支払条件から企業の資金繰り、財務状況の目利きをすることです。回収条件による目利きとは、売上債権の回収期間が長期で

あれば、販売先・受注先の資金繰りが脆弱か、押し込み販売などが考えられ、あまり芳しい状況ではありません。支払条件ならば、買入債務の支払期間が短ければ資金繰りが潤沢と考えられますし、長ければ資金繰りが悪化していて業績不振先の懸念もあります。

6 製造業のポイント

— 生産・受注形態
　・親企業からの発注による下請生産ですか、この場合、専属的な下請けですか、横断的下請けですか。
　・固定客および不定期客からの受注に基づく生産ですか。
　・マス層の顧客を対象とした需要予測による見込生産ですか。
　・受注生産と見込生産の混合生産ですか。
　・自社ブランドとしての生産ですか。
— 製造には高度な技術や熟練技能を要しますか、軽度な技能で十分な製品ですか。
— 製造には相当な設備装置を要しますか、労働集約的ですか、家内手工業的ですか。
— 取引相手が大企業の場合、下請先選別リスクや納入業者絞込みリスクの懸念はないですか。
— 親企業が海外に工場を移転のため、国内下請先への発注が途絶するリスクはないですか。
— 取引先の関係者と定期的に協議をしつつ、改善提案をしていますか。
— セールスエンジニアによる受注活動が効果的である場合、積極的に取り組んでいますか。
— 市場規模の大きさはどうですか、今後の成長が見込まれますか、あるいはジリ貧傾向ですか。
— 対象市場における自社の地位はどのクラスにありますか、またそれを把握し

― ていますか。
― 競合先が近くに存在していますか、国内同業者との競合や海外業者との競合はどうですか。
― 配送の時間（距離）での優位性はどうですか。
― 新規参入の障壁は高いですか・低いですか、代替品の可能性はありますか。
― 開発設計者・技能工の質や量はどうですか、技術開発を促進する支援や人材育成を行っていますか、熟練技能の継承の措置がとられていますか。
― 生産性・歩留まり・製品検査合格率は目標を上回っていますか。
― 設備の稼働効率、老朽化度合は他社と比較して優位ですか。
― 設備の保守点検は定期的に行っており、生産休止や不良品発生の事態を防止していますか。
― 製造過程におけるボトルネック工程を把握し、対策を立てていますか。
― 工場内の在庫・仕掛品が少なく、工程内の在庫は最小限に抑えられていますか。
― 販売部門の受注に合わせて生産を行う、ジャスト・イン・タイム方式を意識していますか。
― 顧客の要望する納期を順守し、顧客の評価は高いですか。
― 損益分岐点分析や変動費のコントロール、固定費の見直しを行っていますか。
― 他社にはない自社のコアとなっている技術・ノウハウ・スキルはありますか。
― 外注先への生産管理・品質管理指導により部品調達のコストダウンが図られていますか。
― 使用材質や仕様の変更による材料費の節減を図っていますか。
― 低コストかつ柔軟な物流体制により、発注元のニーズに対応できていますか。
― 製品の安全性、衛生性の保持、環境保護のための十分な対策を立てていますか。
― 保証やメンテナンスについて顧客満足が得られていますか。
― ISO認証取得による品質管理システムが有効的に機能していますか。

7 販売業のポイント

― 業界内での自社商品の位置づけ（競合他社の価格・販売戦略・コスト構造等）を把握していますか。
― 競争力ある新商品を適切に市場投入できるような、迅速な商品開発力や生産体制が実現できていますか。
― 全体的・長期的視野で営業力の強化を図っていますか、営業担当者の教育体系を確立していますか。
― 顧客志向型の営業組織の整備や人員の質・数は競合他社と比較して十分ですか。
― 目標を管理・評価し、やる気を引き出すためのインセンティブな姿勢や制度がありますか。
― 営業担当者・エリア・取引先ごとの販売データや単位当りの売上高、成約率等を分析していますか。
― 営業情報の共有化や実質活動時間の管理等により、営業効率化の向上が図られていますか。
― 販売形態はどうですか（店頭販売、注文販売、訪問販売、通販、インターネット販売等）。
― 取引先・顧客との関係は良好ですか、相手からの信頼度は高いですか。
― 新規顧客・新規販売チャネル・ルートを開拓する意欲と能力はありますか。
― 市場規模はどの程度ですか、また今後3～5年の成長が見込まれますか。
― 対象市場においてターゲットとする顧客層は明確になっていますか。
― 取扱商品に関し強力な競合先は存在しますか。
― 競合先が出現した場合の対応方法は検討されていますか。
― 取扱商品は他社の商品と比較して競争力や将来性はありますか。
― 他社の戦略・商品分析等を行っていますか。
― 当該市場への新規参入の可能性はありますか、小資本で参入が可能な業種では注意が必要です。

― 自社の強み・弱みを理解して、売上計画・利益計画が策定されていますか。
― 商品アイテム別の粗利益やサービスコストを把握していますか。
― 顧客の価格感応度を考慮して価格設定をしていますか。
― 市場における自社製品の位置づけや変化に合わせて、臨機応変な価格設定をしていますか。
― 商圏・市場対応については、顧客層・買物圏・ヒトの流れ・利便性・交通（道路・駐車場）・固定客か流動客か等を十分に把握して対策を立てていますか。
― 立地のインフラ（同業種の集積状況・労働力・コスト・社会インフラ・環境）の検討はなされていますか。
― 既存立地の適否の検討を行い、適合していない場合は撤退の基準をもっていますか。
― 店の特徴・グレード・アイディア等はどうですか。
　　・店　　　舗：外装、看板、店頭、照明、駐車場等
　　・商　　　品：品揃え（量・種類・流行）、価格帯、陳列状況等
　　・店員の質：商品知識、接客態度、定着性、意欲等
― 他社と比較して仕入面の優位性がありますか。
― 市場や顧客志向をふまえた売れ筋商品を仕入れていますか。
― 商品仕入れや原材料・部品調達で過剰在庫や欠品を起こさせない仕組みですか。
― 棚卸を定期的に行い、在庫保有量を常に定量的に把握していますか。
― 流行遅れ商品や不良在庫をしっかり把握し、適宜処分を行い整理していますか。
― 顧客を管理する仕組みはありますか。
― 顧客別売上げ・粗利・利益管理を行っていますか。
― クレーム対応やアフターサービスのための仕組みができていますか、またそれらへの対応については良好ですか。
― 広告媒体とその内容、ターゲットとする対象層等は適切に行われていますか。
― 展示会・イベントへの参加により自社ブランド商品のPRを効果的に行って

いますか。

8 マーケティングのポイント

(1) Product（製品政策）

❶製品は基本的機能が備わっていれば必ず売れるとか、競合に勝てるというものでもなく、市場・顧客のニーズに合っていて、かつ競合先と差別化されていることが重要です。

❷基本機能に加え、付加機能やネーミング・サービス・ブランド等のさまざまな要素の総合的な評価により、製品の魅力があるかどうかです。

❸他社の製品より優位に立つための要素とは、ⅰ．基本機能、ⅱ．付加機能、ⅲ．デザイン・ネーミング・パッケージング、ⅳ．ブランドイメージ（製品や企業ブランドのほかに技術、品質、アフターケア等も含む）・知名度、ⅴ．納期・保証・メンテナンス・サービス等です。

❹製品のライフサイクルのステージにより、需要の創造、市場シェアの争奪、操業・利益等の特徴がありますので、どのステージかを識別します。ライフサイクルのステージとは、ⅰ．導入期：需要の創造が優先されます、ⅱ．成長期：自社製品と競合製品の差別化をして、自社製品をアピールします、ⅲ．成熟期：市場拡大が終わり、限られた市場でのシェアの奪い合いになります、ⅳ．衰退期：売上げ・利益が低下し、撤退か新たな価値創造が必要になります。

(2) Price（価格政策）

❶いくら製品がよくても、欲しくても、値段が高いものは買えないので、売れそうな値段をつけて流通させることが価格戦略です。

❷価格設定に影響する要因とは、ⅰ．競争状況：競合先との価格との関係が最も大きな影響を受けます、特に製品・サービス等が差別化されにくい商

品は価格競争に陥りやすいです、ⅱ．需給関係：大きな影響を与えるのは当然ですが、供給をコントロールできるケースもありえます、ⅲ．交渉力：生産財では、特にこの問題が大きく影響します、受注先が偏っていれば価格交渉力が弱くなり、相手の「言い値」になりやすいものです。

❸価格設定の方法は、ⅰ．需要志向：コストだけではなく需要、製品の特性、流通ルートから、顧客の認識する価値（いくらまでなら支払うか）に基づいた価格設定をします、ⅱ．原価志向：コストに一定の利益を乗せて価格を決定しますが、顧客志向より売り手志向での方法なので限界があります、ⅲ．競争志向：同様・同一製品を出している競合先の価格を指標とする、あるいは最大市場である適正価格を狙います、ⅳ．高価格または低価格戦略：付加価値を訴求し、イメージを高めて顧客のステイタスを意識させ、あえて高価格を設定します、あるいは低価格で大量の需要を確保し一気に市場シェアを拡大します。

(3) Place（流通政策）

❶必要な時に、必要な製品が、必要な量を、必要な顧客が買える状態にするために、効果的・効率的に商品を到達させることが流通政策です。

❷販売チャネル：スーパー・コンビニ・デパート等どの販売チャネルですか、あるいは卸経由の小売ですか、eコマース・通販等の直販ですか、代理店・特約店販売を選択するのですか。

❸流通チャネルの長さ：商品が顧客に到達するまでの中間業者の介在状況で、生産者→顧客、生産者→小売→顧客、生産者→一次卸・二次卸業者→小売→消費者等です。

(4) Promotion（広告・販促政策）

❶顧客の購買行動を促進するために、製品情報をいかに知らせるかという政策で、その手段には、ⅰ．広告：テレビ・新聞・雑誌、看板、交通広告など有料で行う発信者側の一方的な手段、ⅱ．販促：チラシ・DM・サンプリング・おまけ・クーポン・ポスター・ステッカー等、特定の興味や関心

をもつ者に対する一方的な手段、ⅲ．営業：顧客に人対人で直接対応する双方向的な手段で、営業部員の営業活動による販売と店頭における販売員の対面販売とがあります、ⅳ．パブリシティ：新聞記事やプレスリリースなど、無料で行う第三者の一方的な手段、ⅴ．その他：口コミとかインターネット等の顧客同士の双方向的な手段があります。

❷プロモーションは単独で行われることは少なく、プロモーションミックスとして、たいていはさまざまなプロモーションの方法を組み合わせて行います。

資料：定性面のヒアリング・チェックシート（77〜78頁）
　定性面のヒアリングすべき主要ポイントについてどの程度把握できたか、聞き漏れ事項はないか、このチェックシートを活用して確認をしましょう。

9 取引先状況別の定性面のヒアリングと折衝ポイント

CASE 1
業績の拡大を目指して、新しい販売先と取引を始めようとしている卸売業者

　新しい販売先と取引が始まるということは、一般的には売上げが増加する可能性が高いものです。売上げが増加すれば増加運転資金の需要が考えられ、融資セールスのチャンスとなります。

　このような場合におけるヒアリングのポイントの一つ目は、新しい販売先の売上げがどの程度になるかです。今後の売上規模が相当大きくなるようであれば、増加運転資金のほかに、商品配送車両の増車資金、あるいは倉庫増築資金、従業員増加による人件費資金なども見込まれます。二つ目は、売上げの将来的見通しです。スポット的な売上増なのか、長期的に安定した売上げが期待できるのか、さらに、うっかり見落としになりがちですが、販売先の信用度（経営基盤の安定性）といった点につきヒアリングを行います。

定性情報のヒアリング・チェックシート(その1)

企業名		代表者名		業種	
本社所在地(所有・賃借)				資本金	
役員名・員数(うち親族)				後継者(年齢)	
従業員総数	(うち事務・営業員)		(うち現業部門員)		パート数
創業年		法人成り年		創業者	

創業経緯・企業名の由来等

営業所・工場所在地(所有・賃借)

社長の生年(年齢)		代表就任年・何代目	

代表に至るまでの略歴

社長の対外的役職(業界団体、商工会議所、法人会等)

社長のその他側面(出身地・出身校・趣味・家族・健康法・グルメ・旅行・友人関係など人間的側面の情報)

経営者資質・性格

社長の自宅情報(所在地、所有・賃借、土地・建物面積、取得年、ただし賃借の場合は不要)

法人所有地(所在・面積・取得年・取得価格)

法人所有建物(所在・面積・用途・建築年・建築価格)

本社・工場等の移転(拡大)履歴・理由

取扱製商品・工事・サービスの主な変遷

先代時代や現社長の業績不振期の苦労やそれを乗り切ってきた話

取引金融機関との関係(取引金融機関、取引年数、取引経緯、借入金・金利の情報、取引先会の役員就任状況など)

業界における規模あるいは位置

取扱製商品・部品・サービス(品目数・その具体的内容等)

主要な品目と売上シェア

主要な販売(受注)先と売上シェア(各主要先に対する売上における各種製商品等のウェイトはどうか)

主要な販売(受注)先との取引安定度(取引経緯や取引年数、安定的取引なのか)と販売(受注)先の信用度はどうか

主要な仕入先と原価シェアおよび主要な品目と原価シェア

定性情報のヒアリング・チェックシート（その２）

主要な仕入先との取引安定度（取引経緯や取引年数、安定的に商品・原材料は確保できるか）、いざの代替先はあるか	
主要な外注先および製造原価中に占める外注費のウェイト、安定した外注先か、いざの代替先はあるか	
販売価格あるいは受注単価等はどのようにして決定しているのか	
製造業では受注生産、下請け（親企業は一社か、複数社か）、見込生産、混合生産のどの形態か	
計数管理はどうか（原価管理、製商品・部門別・エリア・取引先・営業担当者等の単位管理、損益分岐点管理等）	
受注・下請生産の場合、営業活動はどのように行っているか	
製商品の販売形態・販売方法・販売エリア等および営業活動はどのように行っているか	
製造業では設備装置型・労働集約型・家内工業的か、高度・熟練技術が必要か	
主要な機械・車両・工具等（建物除く）は何か、１台あるいはワンセットの価格、耐用年数、更新期が近い設備はあるか	

売掛金の回転期間（月商比）	買掛金の回転期間（売上原価比）
売上金の現金：手形回収比率	買掛金の現金：手形支払比率
受取手形の平均サイト	支払手形の平均サイト

棚卸資産の回転期間（月商比）
外部環境側面はどうか（景気動向、人口減少・高齢化、顧客嗜好変化、海外品や技術との競合、生産拠点の海外移転等）
他社との競合状況（エリア内にいるか、距離はどうか、出現・参入の可能性、差別化は・価格対策はどうか、営業戦略等）
人材確保・育成状況（若年労働者や技能者の確保、社員の定着率や教育・訓練に対する投資、処遇・人事制度の状況等）
幹部社員・キーパーソンは安定しているか（処遇不満で退職しないか、代替者の養成等）
リスクマネジメントの状況（コンプライアンス、製造物責任対応、取引先倒産リスク管理、顧客情報管理、苦情・クレーム対策等）
いわゆる企業の強み・弱みはどうか
企業ニーズ・経営課題、あるいは銀行や担当者へのニーズは何か
その他（CS、環境対策、ISO等）

定量情報	直近期実績	過去２～３年実績	今期見込み	来期以降の見込み
＊年商				
＊経常利益又は当期純利益				
＊売上総利益率（粗利率）				
＊減価償却費				

販売先の社名が確認できれば、信用調査会社のデータやインターネット情報、同業者の風評等を収集して独自に信用度を調査することも必要です。三つ目は、回収条件として売掛期間、現金・手形回収比率、手形サイトを聞くことです。増加運転資金の必要額が推定できますし、受取手形サイトが長期であれば業況が芳しくない先に販売をしている可能性があり、この場合は代金回収に不安が残ります。特にこうした問題がなければ、発生する運転資金や設備資金にアプローチし、融資条件を提示し折衝します。

●卸売業の特性

　①取扱商品は何か、②生産者との関係・販売店との関係はどうか、③販売先に対するサポート機能は何か、④配送体制はどうしているかなどです。卸売業の業種別内訳をみますと、大きく伸びているのは、再生資源卸売業、鉱物・金属卸売業、化学製品卸売業などの環境に関連した部門や、原油等の燃料高の影響を受けた部門が中心です。逆に、繊維品卸売業、農畜産物・水産物卸売業、衣服品卸売業、家具・什器卸売業、日用雑貨品卸売業などの消費財関連は減少傾向にあります。この背景には、流通経路の構造的な変化のなかで中小の小売業者が大幅に減少していることがあります。

CASE 2
特定先からの受注減で業績悪化が必至なプラスチック製品製造業者

　製造業の場合、売上げが減少すると、小売業やサービス業などに比べ、リストラの余地は限られます。その理由は、いったん設置した製造設備を他の業種に転用することがむずかしいですし、一定水準の生産量・品質を維持するためには、一定水準の労働者を確保する必要があるからです。中小企業では製造業の労務費は固定費というのが基本です。渉外担当者としては、経営者が損益分岐点をチェックしているかどうか聞いてみて、まだならば損益分岐点を把握するよう提案を行い、算出方法についてアドバイスします。売上減少による収益の減少で借入金返済力はあるのか、あるいは赤字資金が必要になるのかを判断するには、損益分岐点分析が適しています。また、製造業の場合は固定費が高いだけに、損益分岐点分析はコスト削減のキーポイントにもなります。

このような場合におけるヒアリングのポイントは、

一つ目は、特定先の受注減少が一時的なのか、構造的変化による永続的なものかということです。

二つ目は、売上減少を補う新規受注先の開拓の見込みはどうかということです。

三つ目は、リストラによるコスト削減がどの程度見込まれるか、その結果、損益分岐点がどこまで下げられるかということです。

こうした情報を総合して、回復が可能ならば、前向きに減産資金の取扱いを折衝します。金融機関として、ビジネス・マッチングの支援や技術コンサルタント斡旋による工程の見直しなどを提案することも役目の一つです。

● プラスチック製品製造業の特性

製品の品質を決定するのは材料と金型の設計と製作です。近年は、多品種少量生産・短納期化が要求されており、金型を短期間に低コストで製作できるかが重要です。原材料の面では、ナフサ価格が値を上げていますが、原材料高の価格転嫁ができないという問題を抱えており、技術面では中国などのアジア諸国に、汎用品では価格競争を勝ち抜くのは厳しくなっています。

CASE 3
新規出店に伴う設備・運転資金が必要な地域のスーパーマーケット

現在、東西地区の2店舗営業で業績はおおむね順調であり、今般、南地区に3店舗目の出店を計画しています。新店舗は、平屋の倉庫を居抜きで賃借することにしており、改装・什器備品購入資金と商品仕入資金が必要です。

このような場合におけるヒアリングのポイントは、小売業は立地産業といわれていて、立地のよい場所に出店することが基本戦略なので、①周辺にどのような競合他社が何店舗存在しているか、②競合他社の価格に対抗できるか、③価格以外のサービス面等で顧客を吸引できるか、④商圏内の顧客のライフスタイルやニーズが出店する店舗の提供するものと合致しているか、⑤商圏内の居住人口は増加傾向か、⑥交通量・歩行者数はあるか、などです。これらのヒアリング事項を検証したうえ、「貸せる事業」との見込みを立てて、融資提案の土俵に乗せてもらえるよう折衝します。そして、事業計画の提出もお願いして定量的な分析を行い、

返済キャッシュフローに問題がないか検討をします。

◉地域スーパーの特性

　地域限定で店舗を展開している食料品スーパーと考えられ、競合するのは、コンビニや総合スーパーです。利便性を強みとするコンビニに対抗して、営業時間を延長しコンビニに匹敵する利便性を追求するスーパーマーケットもふえています。ただ利便性で正面から勝負するのではなく、品揃えなどで強みを構築することが必要です。総合スーパーは食料品以外の商品の販売構成比が高いです。しかし、立地や商圏はスーパーマーケットと重複していますし、また、大量仕入れにより価格競争力は強く、体力の差で勝ち目はありません。価格以外で顧客を引き寄せる強みをもつことが、生き残りの条件となりますが、スーパーマーケットの店舗内では需要を呼ぶような商品陳列ができているか、季節に応じた商品や調理方法などの提案ができているか、３Ｓ（清掃・整理・整頓）が励行されているか、従業員の教育・接遇応対が訓練されているかなどを確認します。これからは高齢化社会を迎えるので、価格は大手スーパーより高くても、高齢者が買いやすい単位・売り場づくり、高齢者を意識した品揃え、真心の応対、配送サービスなどに特色を出すことで、地道に生き残りを図る方向も考えられます。

CASE 4
取引先からの代金回収が遅れ資金繰りに不安を抱える塗装業者

　業界が不況にあえぐなか、業績も減収・減益傾向です。営業活動を行った結果、市の公共施設の下請工事を複数受注できる見通しです。ただ、元請業者は年度末に工事代金を受領しますが、下請業者への支払はその２カ月後との条件です。そこで、年度末の資材の費用、経費、賃金などを一時的に自社で手当てする必要が生じます。

　このような場合におけるヒアリングのポイントは、①直接的要因として請負工事金額、②元請業者からの支払が予定通りに確実に行われるか、③市の発注工事は確かか、④元請業者の信用状況はどうか、ということです。ただ、２カ月間の運転資金が不足するという点では、当社の財務的な問題も想定されますので資金繰り状況や受注残などを確認して、減益傾向に歯止めがかかるのか十分チェック

しなければなりません。もし赤字ということならば、それだけ資金が不足しているという状態ですので、請負代金回収でいったん返済となるものの、即日、また別の請負代金引当で運転資金の要請に接することになりかねません。結果、代金回収までのつなぎ資金のはずが、恒常化して長期化する懸念がありますので融資セールスを行うにも注意が必要です。

● 塗装業の特性

公共工事や新規住宅着工など民間工事も減少し続けている半面、維持・補修のリフォーム需要が大きく増加してきています。したがって、個人顧客からの工事受注をふやすことが、特定の元請業者の受注減少のリスクを回避することになります。個人顧客へのアプローチとして、ホームページを有効に活用しているか、顧客とのコミュニケーションに心がけ顧客が安心し納得したうえで施工に入っているかなどがポイントとなります。

CASE 5
傭車から自車両配送に切り替るために、新車両を調達する計画をしている一般貨物業者

地域の有力企業の定期配送業務を請け負って業績は比較的安定していましたが、運賃引下げ要請による売上ダウン、燃料費上昇によるコストアップ等で収益が落ち込んできています。ここ数年は車両の新車への切替えを抑制し、既存車両のメンテナンスや傭車で乗り切ってきました。しかし、傭車ではドライバーの質が問題となり、また顧客ニーズに適した臨機応変の輸送体制が必要となったことにより傭車から自車両への切替えを計画しています。

このような場合におけるヒアリングのポイントは、次のようなことです。傭車は、通常、スポット依頼や繁忙期に機動的に対応できる手段であり、配送量に応じたコスト（変動費）ですみます。一方、自車両ということになれば、車両費・維持管理費・ドライバー増による人件費、時には駐車場賃借費用など固定費コストが大きくなります。にもかかわらず、自車両配送に切り替えることのメリットは何でしょうか。①傭車コストと固定費コストの差は検討していますか、②コスト増をカバーし車両費用を支払えるだけの売上げ・利益増加を確保する見込みと

その実現性はどうですか、③質のよいドライバーが確保できますか、④ライバルとの価格競争も激しいなか、主力荷主から安定的な配送が受けられますか、などです。これらを検討した結果、前向きに考えられるなら融資セールスを展開します。

● 一般貨物業の特性

①規制が緩和され業者間での価格競争の激化や新規参入の増加などが業績の圧迫要因となっています、②安全性や環境保全向上の社会的規制は強化の方向にあります、③競争力の源泉は高いドライバーサービスと社員の定着率と安全性の優良性です、④迅速でジャスト・イン・タイムの輸送サービス、⑤差別化要因は物流システムに対する提案力・ドライバー教育・情報システムの整備状況、⑥人件費は40％を超えるので人件費と適正な運賃の確保が課題など、です。

CASE 6
ガン検診用の高機能検査機器の導入を予定している医療法人（病院）

地元資産家の長男が医学部を卒業後、地元の中核となる規模の病院を父の支援を受けて設立しました。経営も3年前から黒字が確保できるような状態になってきたところですが、「人間ドック」検診の充実や検査機能の高度化を目的として高機能検査機器の導入を検討しています。これによる収益増を見込んでいるのは、人間ドック受診収入の増加、診療・治療の高度化による地域開業医からの患者紹介の増加です。

このような場合におけるヒアリングのポイントは、①設備投資に見合う収益が確保できるかどうかです。②人間ドック受診者をふやす対策はどうするのですか、③企業と提携して従業員受診を確保する場合の営業力はありますか、④高齢者等個人受診のPR対策はどうですか、⑤地域開業医からの紹介のシステムはどうなっていますか、⑥地域医療連携システムとして、開業医で受診した要検査患者の病院への紹介と病院退院後の開業医への通院指導が機能していますか、⑦この機器による治療検査の診療報酬はどの程度ですか、⑧機器の取扱いは現状スタッフで可能ですか、別途専門家が必要ですか、などです。

そのほかに、病院の概要、過去の赤字理由と黒字に転じた要因（特に売上げと

原価に占める人件費率）、病院は装置産業であり初期設備の借入金の返済期間と返済原資とのアンマッチングが発生しやすいので、現状の資金繰り（不足分の調達に問題はないですか）、マーケット規模（立地する市町村の人口や増加見込み）、高齢化状況、同一地区・近隣エリアにおける競合病院、診療科目、常勤医師の配置状況等です。

◉病院事業の特性

　①病床の増設などは都道府県の許可事項で総量規制されており、増床はなかなか認められない状況にあります、②医療費増加抑制のために、診療単価の引下げ、長期入院への包括払い定額制の導入、療養病床（老人中心の慢性期の長期医療と介護）の削減・転換策などが強まります、③医療と経営が分離すると破綻につながるので経営陣・医師・看護師・事務スタッフの有機的結合が重要です、④施設の老朽化による建直し資金が大きな問題など、です。

Chapter 7

定量面のヒアリング・チェックポイント

重要ポイント

1 定量面とは、一般的には決算書に表されている業績データや金融機関との取引状況のことです。

2 ヒアリングによる定量面の把握方法

①収益状況は売上高と経常利益額または経常利益率ならびに過去の状況をヒアリングします。

②納税状況をヒアリングして利益状況を推定します。ただし、過去の繰越赤字と当期純利益の通算によっては、税金がかからない場合があります。

③借入金状況は、長期・短期借入残、割引残高、年間約定弁済額等について直接聞き出すことはなかなか困難であり、相手との会話のなかで間接的情報を集めます。

④借入金利状況は企業力の定量面のバロメーターで、融資セールスにおける重要なファクターでもありますので、ヒアリングテクニックを駆使することである程度はつかめます。

⑤従業員賞与・役員賞与・配当金の額は、いずれも収益環境と密接な関係にあります。

⑥取引金融機関との関係は、定性に近い性質ですが、業況を表す定量面の側面情報の一つとして有効です。

⑦他の新規金融機関が攻勢をかけていれば、「貸せる企業」と目ぼしをつけたからであり、その企業が良好であるという一つの証拠になります。

3 金融機関が知りたい計数を聞いても相手が答えてくれないときのヒアリング方法は、渉外担当者から具体的な数値をぶつけつつ回答を誘導することです。

1 定量面の情報

　定量面とは何を指すかといえば、一般的には決算書に表されている業績データや金融機関との取引状況のことです。したがって、知りたいこと、つまり売上げ、利益、業績推移、借入金残高・借入金利等をストレートにヒアリングするのが手っ取り早いでしょう。これに対して相手が具体的計数を率直に答えてくれるならば、業績に関する直接情報を入手することができますのでいちばんよい方法です。しかし、このようにうまく事が運ぶ可能性は低いので、その場合にはいろいろな間接的な情報を聞き出して、業績のよしあしを見分けることになります。また、具体的な計数を答えてくれないからとあきらめてしまわずに、聞き方を工夫することで、概略の計数はつかむこともできます。

2 収益状況

(1) 前期と今期の見込み

　売上げ（年商または月商）と利益（経常利益）について、前期の状況、今期の見込み、2～3年前の実績をストレートに聞いてみます。もちろん数字だけではなく、その変動要因もしっかりとつかむことが大切です。これで、「前々期売上げ5億5,000万円、利益1,000万円」「前期売上げ5億1,000万円、赤字500万円」「今期売上見込み5億2,000万円、利益200万円」と答えてくれば業績状態・推移がわかります。さらに、前期は不景気による量・単価の両面で落ち込み赤字となりましたが、今期は経費リストラ努力と需要の回復基調で黒字を見込んでおり、来期以降は新商品の開発で一段の回復を見込んでいる、といった変動要因がつかめればしめたものです。収益状況は、①経常利益ベースでつかむ、②一過性ではなく継続性はあるか（過去・今後とも）、

③赤字を脱却した先とか収益が少額な先でも、今後はさらなる回復が見込めるかどうか（経営改善効果が寄与しつつある先等）、④現状はそこそこの収益だが、ジリ貧傾向にないか（競合が激化、変革に対応しきれない先等）、⑤安定的か、変動が大きいのか、それは個社の特性か業種特性か、⑥業界・業種の平均利益率と比較してどうか、等についても注意することが重要です。

(2) 経常利益率

　経常利益率を聞くのも一つの方法で、売上げ×経常利益率＝経常利益が推定されます。「年商4億円とのことですが、経常利益率はどの程度ですか」「この業界の経常利益率の平均は○％程度なのですか、社長のところはいかがでしょうか」と質問をしてみます。この方法だとソフトな感じの聞き方となるので相手も答えやすく、直近決算の数値をつかむには便利です。ついでに粗利率も参考に聞いておきましょう。

(3) 減価償却費

　収益そのものではありませんが、ほかに減価償却費に関してもヒアリングをしましょう。減価償却費は返済キャッシュフローの大きな要素で、当期純利益（特別損益を除外した経常利益ベース）＋減価償却費で返済能力の大きさがわかります。利益は小さくても減価償却費が大きければ、返済能力は高いと考えられ、融資アプローチもしやすくなります。また、製造業で減価償却費が小さいとなれば、施設・設備の老朽化が進んでいることも推測されますので、設備資金セールスのチャンスにもつながります。

(4) 会話のなかの情報

　間接的な情報としては、「幸いにも一度も赤字になったことがない」「デフレ不況といわれるが、品質に信頼を得ているので価格競争には巻き込まれない」「利益率は業界平均よりかなり高い」「大儲けもできないが、好不況には左右されずに手堅いほうだ」「経営改善に取り組んだ結果、金融機関の格付ランクが上がった」等、会話のなかの相手のちょっとした言葉があります。

絶対的な事項ではありませんが、業績の良好性、安定性、回復基調をうかがわせるものです。

3 納税状況

(1) 納税額

　経常利益ベースで納税額が多額であればあるほど収益が良好な証拠であり、逆に納税していないとなれば、利益が微少か、赤字か、繰越赤字があるかで、「貸せる先」としては好ましくありません。そこで法人税等の納税額を聞くことで、業況がおおむねわかります。税額＝税引前当期純利益×税率なので、税額を税率で割れば利益額が推定できます。ちなみに、税率は正確ではありませんが指標として約40％と考え、税額1,000万円なら10÷0.4で利益は2,500万円となります。これも収益と同様にストレートに聞いてみます。

▼ **応酬話法の事例**

Q 税金も大変でしょう！　前期の納税額はいくらだったのですか。
— ざっと1,200万円だ。

Q そうすると3,000万円前後の利益が出たんですね。さらに前々期もその程度の税額ですか。
— いや、前々期の税額は1,800万円だった。

Q 納税額はいくらだったのですか。
— 税金は納めてないよ。

Q というと、失礼ですが赤字だったのですか。
— いや赤字じゃないよ。利益は600万円ほどだったが、繰越赤字があるので。

Q 繰越赤字というと、いつ頃で赤字の理由はなんですか。
— 3年前に、○○の特損で赤字を計上しただけだ。

納税状況は過去の実績とともに、決算期の1～2月前ならば今期の見通しも聞いてみます。これは、業況の確認もありますが、納税資金の売込みにもつながるからです。

(2) 間接的情報

　間接的な情報としては、「税金も馬鹿にならない」「税率が高い！　稼いでも税金にもっていかれてしまう」「税務署から表彰状をもらいたいぐらいだ（多額納税しているのだから…）」「毎年、税金納めて国家財政に貢献しているよ」などです。

4　借入金状況

(1) 借入金の残高

　借入金の状況は、業績とも密接な関係がありますし、融資セールスや肩代り提案するにも知っておきたい定量面の情報といえます。しかし、これはストレートに聞いても回答を得ることはむずかしいものです。そもそも、「いくら借りているのか」と聞かれたからといって答える必要性はまったくありませんし、余計なお世話だとしか思われません。万一、聞き出すことができるなら借入総額だけではなく、長期・短期借入残、割引残高、年間約定弁済額等もヒアリングしておきたいものです。

　ここで留意しておきたいのは、"借入れしない""借入金が少ない"からといっても、必ずしも良好な企業を意味しない場合があります。たとえば、現金取引で設備投資が小さな事業では、借入れそのものの必要性は低いです。また、積極的に事業展開を図る企業では、設備・運転資金の資金需要ニーズは旺盛であり、こうした前向きな借入金が多いということであれば問題はありません。あくまでも一つの目安として、他の情報とあわせて総合的に見極めるようにします。

(2) 業績の推測

　直接情報は無理とすれば、間接的な情報から業績を推測します。「返済するだけで、借入金など不要だ」「借りれば返さなくてはならないのだから借金はしない」「割引しなくても運転資金は充足している」「設備資金は借りることがあるが、運転資金は必要としてない」「資金が必要なときは、メイン行がいつでも対応してくれる」「金融機関というのは不思議だ。カネが必要な会社には貸さないで、うちのように必要のない会社に借りてくれっていうね」などです。基本的には、内部留保が高い企業では、多額な設備投資を除けば、運転資金等の必要性は低いものです。一方、赤字や収益脆弱な企業では後ろ向き資金の借入れがどうしてもふえます。

5　借入金利状況

(1) 金利水準

　借入金利は企業力の定量面のバロメーターの一つであり、良好な企業ほど金利は低いのが普通です。また、取引金融機関の借入金利がわかれば、新規行としては金利をタネに積極的に肩代わり融資を仕掛けられます。金利といっても、借入時の金利水準、長期・短期の期間、割引、固定・変動、保証協会付・担保・返済条件等でさまざまであり、一概に何％ということにはなりません。知るためにはストレートに聞くのがいちばんですが、ただ、「借入金利は何％ですか」と漠然と聞かれても、複数の金利体系があって相手も記憶がおぼろげで返答に困るでしょうし、「さあ、何％だったかな」と明かさないケースも多いものです。だから、ヒアリングするときは、借入形態等がわかる形で質問してみてはどうでしょうか。「短期借入金の金利はどの程度ですか」「割引の金利は何％ですか」「３年程度の長期資金はどの程度の金利で借りているのですか」等です。このレベルであれば、ある程度具体的な金利

が聞ける可能性はあります。聞き出した金利は、借入形態や期間等を勘案しながら、自行の水準と比較してみて、高いのか低いのかをみれば、良好な企業かどうかがおおむね判断できます。

(2) 間接的な金利情報として

直接情報は無理とすれば、間接的な情報としては、「取引金融機関数行と競争をさせて、いちばん低い金利のところで借りることにしている」「先日、準メイン行が仕組商品でかなり低金利を提示して肩代り提案してきたけど、よくわからないので断った」「同業者の会合で借入金利は話題になったが、うちはどうも高いのかなあ・・・」「弱い者への金利の引上げはひどいね」「借りている立場では、金利に文句はいえないけれども」などです。

(3) 金利条件提案のタイミング

ここで一つ気をつけることがあります。金利をヒアリングしようとすると、逆に相手から「おたくの金融機関では短期金利は何％なの？」と聞かれることがあります。これは相手が金利の世間相場を知りたいと思って質問をしていますので、自社の借入金利が高いのか、低いのか、気になっているのです。これは、新規資金ニーズの予定があるので知りたいのか、あるいは金利次第では新規金融機関との取引に関心があることも十分考えられます。金利は取引の重要要素ですので、担当者としてはこうした質問がなされることを想定して、どう答えるか心がまえをしておくことが大事です。心の準備がないと、「そうですね、金利は企業内容や融資条件によりいろいろありますので、ちょっとすぐにお答えはできません。決算書をいただければ検討します」とあまり好ましくない返答になってしまいます。こういう場合は、①無難な基準金利を提示するのか、②だいたい○～○％の間です、とアローワンスで答えるのか、③戦略的に思い切った金利を提示するのか、企業内容を把握した状況に応じて、できるだけ具体的な返答を心がけます。そのときには、「当行の短期金利の基準は現在1.5％です。ただ、これはあくまでも目安で、企業内容等によって当然この基準より低かったり高かったりします。で

すから、1％前半（支店長専決の下限金利程度がメド）という金利でお取引いただいている先もあります。ちなみに、1％前半の金利はいかがですか」とか「何％と一概にはいえませんが、諸条件により違いますが、おおむね1.5％～2.5％程度です」というような言い回しで、相手のニーズに応えるように努力をしましょう。

　相手の言動や表情の反応、たとえば「ほう、結構低い金利だ」「なんだ、あまり魅力がないな」といったようなことで、肯定的反応かなと感じたら「どうですか、一度、当行の資金を使ってみていただけませんか」「取引うんぬんは別にして取引金融機関と同じ土俵に立たせて勝負させてください」と言い込んでいきましょう。このように担当者の回答次第で相手も興味・関心をもちますし、さらに融資セールスの機会も広がっていくものです。

6　従業員賞与・役員賞与・配当金の支給状況

　これらの支給額については、いずれも収益環境と密接な関係にあります。ちなみに従業員賞与であれば、業績不振企業では相当低いか、あるいは支給されないこともありますが、世間相場以上の支給率でコンスタントに支給している企業は、業績が順調といえます。

(1)　ボーナス

　従業員賞与（ボーナス）に関しては、給与の何カ月分の支給かを聞くのがわかりやすいでしょう。仮に、年間ベースで6カ月分も支給しているとなれば、相当よい企業でしょう。一人当り平均額も参考にはなりますが、給与水準や年齢構成の差異などを勘案しなければなりません。ボーナスシーズンには、新聞に必ずその県内の平均額や何カ月分といった記事が掲載されますので、目を通して訪問先のそれと比較できるようにしておくとよいでしょう。賞与総額が大きい場合には借入金による調達も想定されますで、支給月の2～3カ月前から積極的に賞与資金へアプローチすることが望まれます。話法

としては、「この夏のボーナスは何カ月分支給したのですか」「もうじき冬のボーナスですが、何カ月分の予定ですか」「新聞に県内企業の夏のボーナスの見込みが載っていましたが、社長のところでは何カ月分か決まったのですか」と単純に聞いてみます。

(2) 役員賞与・配当

　役員賞与・配当については利益処分的な事項ですが、中小企業ではどちらかというと実施していないケースが多いでしょう。これは、役員賞与・配当を実施するほどの利益が確保できないという場合と、同族経営では企業と個人が一体であり、利益を個人に流出させるよりも、企業の内部留保に回し自己資金を確保しようとする場合とがあります。したがって、役員賞与・配当を実施していないからといって、一概に収益基盤が弱いとは言い難いものです。ただ、これらが実施されている企業は、まず間違いなく業績が良好であると考えられますので、ヒアリングするときには、実施しているかどうか、継続的に実施されているかどうかがポイントです。必ず金額を聞き出さなくてはならないというほどではありませんが、金額をつかめれば決算資金（納税＋役員賞与＋配当金）のセールスにも結びつけることができます。

▼ 応酬話法の事例

Q この決算では役員賞与や配当金は実施された（される）のですか。

実施しているケース

― たいしたことはないが、実施した（する）よ。

Q ちなみに、賞与額はどのくらいですか、また配当率はどの程度ですか？

― 賞与といってもわずかだよ、配当は外部株主に配慮して20％にした（する）。

Q 毎期実施しているのですか。

― 幸いにも、ここ数年間は毎期だね。

実施していないケース

― とんでもない、赤字でそれどころじゃないよ。
― 個人への課税のことを考えると、内部に留保してキャッシュフローを潤沢にしている。

7 取引金融機関（特にメイン行）との関係

(1) メイン行との取引状況

　これは、定性に近い性質ですが、業況を表す定量面の側面情報の一つとして有効です。側面情報としては、取引金融機関との円滑な関係、メイン行の取組姿勢、メイン行の取引先会の役員就任などです。

(2) 取引金融機関との関係度

　円滑な関係にあると感じさせるのは、①相手の会話のなかに金融機関に対する不満が出ない、②人間関係に問題なくコミュニケーションも保たれているようだ、③長い取引で親密な関係を感じさせる、④経営者がメイン行に対する仁義・恩義を重んじているなどです。逆に不満がある場合は、その不満の理由が大事です。メイン行の担当者（時には支店長）の人柄・活動に不満なのか、金利等の条件や審査対応に不満をもっているのか、企業ニーズへの取組みに満足してないのか、その不満の事由によっては業績の好不況もうかがえます。

(3) メイン行の取組姿勢

　メイン行の取組姿勢とは、①支店長がよく来訪し融資セールスを行っている、②経営ニーズに対する提案・情報提供・アドバイスに積極的に取り組むことで他金融機関との差別化を図ろうとしている、③時には役員が表敬訪問

に来るなどで、良好先を囲い込むための活動・対応ということです。支店長がよく来訪（時には役員も来訪）するというのは、支店の中核となる重要な取引先か、これからも成長が見込まれる先などで、業績もそれなりの先でしょう。また、経営ニーズ・課題に支援ツールや相談機能などの総合力を発揮して取り組むのは、良好な取引先とのさらなる関係強化を目指しているものと考えられます。

ヒアリングフレーズは、「支店長（担当者では意味がない）もよく来るのでしょう？　借りてくれとうるさいんじゃないですか」「メイン行は融資以外に、経営ニーズに対してどんな提案や情報提供をしているのですか。何か事例があれば勉強のため教えてください」等です。

(4) メイン行の取引先会の役員就任

金融機関では、取引先会とかゴルフ会が組成されていて、そのメンバーは支店の主要先が中心です。そのなかで、金融機関に依頼されて会の役員に就任するというのは、業績に問題がない経営者である場合が多いです。ただ、気をつけなければいけないのは、業績不振に陥っても、地域の有力者や老舗の経営者だからという理由で、会の役員をはずすことができずにそのまま続けている場合もあります。ヒアリングフレーズは、「社長はメイン行の"取引先会"や"ゴルフ会"に入っているのですか？　会長とか何かのお役目を引き受けさせられて、大変ではないですか？」等です。

8 他の新規金融機関の攻勢状況

(1) 他行情報

他金融機関も新規取引を目指して熱心に訪問して融資攻勢をかけているということは、「貸せる企業」と目ぼしをつけたからであり、その企業が良好である証拠と思えます。そこで、どこの金融機関が来訪しているのか、そし

て、どのような融資提案をしているのか、融資条件の具体的提示はあるか、主として保証付制度融資を勧めているのか、ということに加え、経営者のそれらの訪問活動に対する感触や対応の仕方等をヒアリングします。融資提案とは、戦略的商品、デリバティブ商品の提示や条件面（金額・金利・期間等）の具体的な提示です。もし、それらの情報が聞ければ、ライバル行がその企業をどうみているのかがわかりますし、またライバルより有利な提案を行うことで優位に立つことができます。

(2) 他行提案より優れた提案

融資提案のほかに、経営ニーズ・課題に対する何らかの提案やアドバイス、相談機能・情報の提供、ビジネス・マッチング等を積極的に仕掛けているということは、取引吸引力を高めようとしているからです。担当者としては自己啓発に励み、他金融機関の提案に対抗して、より具体的で価値のある提案等を行うことができるよう努めます。

9 その他

(1) 経営者の対外的役職の就任状況

業界のリーダー企業や地域の中核・有力企業の経営者は何らかの対外的団体の役職に就いていることが多いものです。役職に就くということは、企業に余裕があるから引き受けていると考えられるので、対外的役職の状況について聞いてみます。ただし、これは一つの目安であり、企業力から請われて就任しているのか、それとも過去の引きずりで名目的な就任なのか等により、大きく事情が異なる点に注意を要します。対外的団体とは、業界団体・法人会・全国法人連合会・商工会議所・県経済同友会等です。

(2) 保証協会の利用状況

　保証協会の利用状況や保証協会付融資に対するメイン行の姿勢はどうか等をストレートに聞いてみます。このとき、保証協会の利用に対する経営者の反応が、不満があるのか、やむをえないと割り切っているのかなどを注視しましょう。

▼ **応酬話法の事例**

Q　メイン行も何かというと保証協会の利用をお願いして来ますか？

— そうなんだよ、なぜ、余計な保証料を払わなくちゃいけないんだ。

とか、

— 緊急保証を受けて助かっている。

とか、

— 保証協会付の制度融資で金利が安い場合のときだけ利用するが、プロパー融資では使わない。

といった答えの内容で企業力を推定できます。

(3) 商業登記簿謄本の閲覧

　ヒアリングの対象事項ではないけれども、相手先の信用力を推し量る一つの手段として、商業登記簿謄本の「債権譲渡」欄を閲覧してチェックしてみるのも役に立ちます。通常、「債権譲渡」欄は空欄となっている企業が大半ですが、融資の担保として売掛債権を譲渡し登記するとここに記載されます。債権者は金融機関とは限らず、金融業者、商取引上の相手先などもありますが、いずれにせよ不動産担保に余力がなく、最終手段として売掛金担保で資金調達しているのではないかと疑われるケースです。こうした企業に遭遇したら、慎重な姿勢で取り組むべきです。

10 計数のヒアリング方法

　ヒアリングでいろいろと計数を聞き出したいのですが、相手は聞かれたからといって答える必然性はないし、売上げ程度ならまだしも、収益や借入額など具体的に知りたい事項ほど言葉を濁して率直には答えてくれないものです。何回もしつこく聞くわけにはいきませんので、経営状況のよしあしの感触がはっきりしないままとなり、そうすると融資セールスにも踏み込めないことになります。では、どのようにして相手から計数を聞き出せばよいのでしょうか。まずは、「年商（月商）はどの程度ですか」「経常利益はおいくらですか」「メイン行の短期借入金利は何％ですか」とストレートに質問してみます。これで、相手が具体的な計数を答えていただけないときは、担当者から数値をぶつけてみて回答を誘導してみましょう。

▼ 応酬話法の事例

Q 年間の売上げはどのくらいですか。

― うちあたりじゃ、たいしたことないよ。

Q たいしたことはないとおっしゃっても、5億円程度でしょうか。

― 5億円？　いやいやそこまではとても‥‥。

Q というと4億円程度ですか。

― そこまではちょっといかないけどね。

ここで、"ちょっと"といっていることから、

Q じゃあ、3億7,000～8,000万円程度でしょうか。

― そんなところだね。

と聞くことができれば十分です。

Q それでは、経常利益はいかほどでしたか。

― 利益は厳しかったな。

Q 厳しいといっても2,000万円程度ですか。

― とんでもない、そんなに儲からないよ。

Q 失礼しました。そうすると1,000万円前後ですか。
— いや、その半分程度だ。

　このように、人というのは具体的な数値をぶつけられると、何らかのアクションをするものです。大きく乖離がある場合は、"とんでもない、そんなに…"といった否定的なリアクションをとるでしょうし、数値が近い場合には、"まあ、そんなもんだ"とか"そこまでは、ちょっと…"といったリアクションをとるでしょう。ただ、数値をぶつけるのも程度問題であって、あまり繰り返すのはよくありません。せいぜい2回程度にとどめ、それで感触が得られなければ、また何かの機会に回すことにしましょう。それと、ぶつける数値が相手に失礼にならないように気を遣い、良化を示す数値は高めに、悪化を示す数値は低めにを心がけます。例として、

Q メイン行の短期借入れの金利は何％ですか。
— いろいろあってよくわからないけど、うちは低いほうじゃないかな。
Q 低いというのは企業内容が良好なのですね。そうすると、短期は1.0％程度でしょうか。
— えっ、1.0％！　そんなに低くはないな。
Q というと…。
— 確か、1.5％を切るくらいだったと思うよ。

Chapter 8

課題解決型の機能・手法の提案

重要ポイント

1. 情報に対するアンテナが高ければ、経営者との会話から企業ニーズや悩みを把握し、その解決・解消に役立つようなツールの紹介あるいは情報提供ができます。

2. 公的機関等の活用としては、商工団体・中小企業支援センターの相談・専門家派遣といった機能の利用、中小企業ビジネス支援サイト「J－Net21」の支援・施策情報の提供、経営自己診断システムやビジネス・マッチングサイトの紹介などです。

3. 「経営力向上 TOKYO プロジェクト」は経営力向上のツールとしての利用を提案します。また、渉外担当者の目利き力等を養成する自己啓発教材としても有効です。

4. TKC全国会が各地で毎年、10～12月頃に開催している無料セミナーをホームページで調査して情報提供します。

5. 民間情報として新聞、雑誌、テレビ、ネット、書籍等の情報から、相手の興味がある情報、経営に役立つ情報を提供します。

6. 事業承継問題はオーナーの関心が高い経営課題であり、後継者、経営権、自社株評価の3点の対策についてアドバイス・支援を行うことで、自社株購入資金、相続・贈与税資金、株式評価引下げ対策資金等につなげます。

7. M&Aは経営戦略の一つとして、中小企業にも浸透してきており、一つは企業の売り手となる潜在的ニーズの発掘であり、いま一つは、買い手の事業拡大を図りたいといったニーズを引き出すことです。

8. 金融機関のビジネス・マッチング機能は、金融機関全体のシステムだけではなく、店内マッチングにも心がけ、提案する場合はマッチングの仕組みの説明や成功事例等の紹介等を行うと効果的です。

9. SWOT分析とは、強みのS、弱みのW、機会のO、脅威のTの頭文字をとって名づけられた分析手法で、経営力の強み・弱みの要因と事業の機会・脅威の要因との組合せにより、今後の経営力強化戦略の策定に用いるようアドバイスします。

10. 業績不振企業に対しては、損益分岐点売上高による経営改善目標の立て方等を支援し、改善が見込まれる先については前向きに融資に取り組みます。

11. 企業にとっても販売先の信用リスク管理は重要課題の一つであり、金融機関は専門家として管理手法につき支援・アドバイスをします。

12. 企業ニーズに直接応えられなくても、経営者一族の個人的ニーズに対応あるいは情報提供ができれば、感謝の念や好感を抱いてくれますので、取引成功に向けて大きく前進する手段となります。

1 情報に対するアンテナを高める

(1) 顧客ニーズに応えられる知識・経験

　アンテナの高低によりつかめる情報量は大きく違い、同じ情報を聞いてもアンテナの高い渉外担当者は反応が違います。企業のニーズ・悩みはほとんどが経営者との会話のなかに含まれていますので、このニーズを見抜けるかどうかがポイントです。

　アンテナが高ければ、経営者のニーズ・悩み等の解決・解消に役立つような機関・人・手段・手法等の紹介や情報提供ができます。金融機関で直接コンサルティングできることは限定的であっても、こうした機能を利用すればアドバイス・相談にも十分対応ができます。

　ただ、ニーズ・悩みを聞くためには、それに応えられるだけの知識や経験が必要です。中途半端に聞いてそれに応えられずにほったらかしにするなら、はじめから聞かないのと同じことになります。

　ニーズ・悩みに応えるための機関・人・手段・手法等には、①公的機関の斡旋・紹介、②自行本部の相談・支援機能、③公的・民間の各種情報の提供、④士業（税理士・公認会計士・中小企業診断士・弁護士・社会保険労務士・行政書士・司法書士等）とのネットワークの利用などがあります。

　士業とのネットワークの構築には、ⅰ．既存先の士業とのパイプを活用する、ⅱ．あるいは新規に未取引先士業にアプローチ（先方も金融機関の紹介を欲している）する、ⅲ．士業主催の勉強会に参加する、士業が多く参加する異業種交流会やセミナーに積極的に参加する、などです。士業の方々との接点があれば、必ず名刺交換を行い知り合いになれる機会をふやすことに意を用います。

2 公的機関の機能等の活用

(1) 中小企業支援センター

　商工会議所・商工会・中小企業団体中央会を中心として中小企業支援センターが整備されてきており、行政・中小企業基盤整備機構との連携・協力による地域ネットワークの強化を通じて、中小企業の直面するさまざまな経営課題に対するサービスの提供が行われています。また、商工会・商工会議所には経営指導員が置かれ、経営改善普及事業、商業・工業振興事業・研修事業等を行っています。

(2) 都道府県等中小企業支援センター（一覧表は最後尾に添付）の活用

a　主な業務

　中小企業の日常的、高度・専門的な相談・支援依頼について、商工会議所、商工会等を窓口として中小企業支援センターの相談・支援・施策機能を活用します。経営支援・新連携支援制度、新事業展開、販路拡大、技術指導、マーケティング、ブランディング、IT活用等にかかる相談・支援や専門家の派遣等を行っています。

b　経営支援内容

1. プロジェクトマネジャーを配置し、問題解決糸口が見つかるようサービス支援、ベンチャー企業の支援、特許権取得等の経営戦略、海外進出支援を行っています。
2. 相談窓口を設置し、経営・技術の専門家、経験・ノウハウ豊富な退職経営者、弁護士等のコンサルタントのアドバイザーを常設しています。
3. 企業経営に必要な知識・能力を有する専門家（中小企業診断士、税理士等）を派遣（有料）し、経営課題にかかる診断・助言を行っています。
4. 施策情報や受発注・製品情報や取引条件改善のための情報の提供、経営支援講座（セミナー）、交流会等を開催しています。

🖬全国モデルとなるビジネスアイディアをモデル事業として専門家が一貫支援しています。

(3) 経営支援の事例

N食品（和菓子製造販売業）のケース	
課題	自社製品を市内スーパーに卸していますが、他社参入等で競争激化、取引条件も厳しく、販売単価も下落し利益が出にくい状況です。その打開策として、直営店による製造販売体制を確立し、他社との差別化を図る自社ブランドをつくり収益の改善策を検討しました。
提案	直営店の開店や運営について計4名の専門家の派遣を受け、事業計画の策定、新店舗のコンセプト、開店準備作業、販売促進の考え方、ホームページの活用、商標登録等について支援センターの支援を受けました。
具体策	具体的には、①顧客の立場からの発想による新商品の開発、②和を全面に出した値札や敷紙の利用、③価格は製造原価から考えるだけでなく適正利益を確保して顧客が納得できる価格に設定、④親しみあるだけではなく顧客志向のきめ細かい接客サービス、従業員教育・研修等を行いました。
成果	・集客力対策は、出店地区の事情を分析・検討し、定休日・営業時間を決定、また口コミによる固定客化、店舗レイアウトを工夫して"食べるスペース"を提供しました。 ・店舗の演出は、全面に和の雰囲気とし陶器・雑貨の選定や照明も工夫し、ショーケースを小ぶりにして空間を確保しました。

S産業（家電用合成樹脂螺旋ホース製造業）のケース	
課題	生産拠点の中国進出を果たすとともに、経営者の交代を行いました。新代表者は開発部門の統括者で同族以外からの起用であり、経営の変革および現地における技術力の保持や品質向上・新製品開発による事業展開の拡大を目指しています。 しかし、新代表者は営業経験はもちろん、会社全般をマネジメントするのは初めてで不安を感じていました。また、国内家電需要の減少からマーケティングや事業計画等の重要性をも痛感していました。

具体策・成果	中小企業支援センターの機能を活用し、経営者の意識改革のために経営課題解決支援プログラム「売って儲けるワークショップ」に参加、さらに3カ月間の短期集中企業再建プログラムを受けて、目標を設定して物事を考えるとか、マーケティング的な発想をするなどを自覚し意識が変化しました。 事業計画は売上げの数値計画のみでありましたが、専門家派遣事業を活用することで戦略的な中長期経営計画の策定を行うようになりました。

(4) 新連携支援制度

　異分野の中小企業が、大学・研究機関等とそれぞれの強みを持ち寄って連携し、新事業にチャレンジする取組みを支援する制度で、連携性・新事業性・市場性等に優れている事業を認定します。相談から認定までも別支援チームがサポートし、評価委員会で認定されると、プレス発表やさまざまな支援メニューが受けられます。

(5) 新連携支援の事例

K社（医療機器・計測器の修理・メンテナンス業）のケース	
課題	新事業として、従来、保証期間内の計測器の修理しか行っていなかったものを、保証期間が過ぎた機器の修理を行うというものです。これを行うには、中古部品を安定供給してくれるパーツ取扱業者との連携が必要、また販路拡大に向けた、計測器を取り扱う商社との連携も欠かせない要素です。
解決策	そこでK社は関係各社と計画の具現化を進めていく過程で、新連携支援制度に応募し認定を受けました。これにより、国の認定事業としての価値が認められ、加速度的に業務が展開することとなりました。

(6) 中小企業ビジネス支援サイト「J－Net21」
　　（http://j-net21.smrj.go.jp/）の活用

　これは中小企業基盤整備機構が運営しており、さまざまな支援情報、中小

企業施策、商工会議所等の開催するセミナー等を公開しています。中小企業メルマガ「ｅ－中小企業ネットマガジン」(http://mail-news.sme.ne.jp/)に登録すれば、定期的にこれらの情報が配信されるので便利です。

「Ｊ－Ｎet21」サイトの主要な内容

[起業する]
— 業種別スタートアップガイド
　・業種別開業ガイド：起業・開業する人向けに200以上の業種・職種に関し、市場動向、開業に必要な手続・留意点・準備事項・資金例・収益シミュレーションをまとめています
　・経営基礎ガイド：起業・開業にあたり、市場調査方法、経営開業計画の書き方、販促手法、法律知識、経理財務のコンテンツをまとめています
　・起業ABC：独立・開業を目指す人のマニュアル

[事業を広げる]
— 中小機構の販路開拓事業（探したい・PRしたいを応援するにぎわい広場）
— 地域資源を活用するビジネスを応援する施策
— 地域資源活用チャンネル
— 新連携アベニュー（新連携制度および活用事例等の紹介）等

[経営をよくする]
— ビジネスQ&A（ビジネスを成功に導くヒントが盛りだくさん）
— 人材活用の決め手（成長企業にみる人材育成・中小企業大学校の上手な使い方）
— 人材活用マニュアル（労務管理ガイドブック・メンタルヘルスガイドブック）
— 小売・流通業の新常識（知れば納得！すぐに使える！）
— 流通業界用語集
— 中小企業大学校は、中小企業の経営後継者や経営幹部等養成に対する高度で実践的な研修（講義、実習・演習、グループ討論）を行っており、課題解決力の習得に効果的です。全国に9校設置されていて、経営後継者研修

は期間10カ月・全日制、受講料115万円程度、経営管理者研修は期間60日受講料53万円程度です。ほかにテーマ別集合研修(マネジメント、営業力強化、品質管理、マーケティグ、人事労務、トップセミナー、クレーム対応等多数)を実施しています。

[資金を調達する]
— あなたが使える公的機関の資金・助成金をすばやくリサーチ!資金調達ナビ

[製品・技術を開発する]
— 売れる商品をつくるコツ(市場の状況を分析する、アイディアを開発する、商品コンセプトを構築する、パッケージとネーミングを決める、価格を設定する、プロモーション戦略を立てる…)

[支援・情報機関を知る]
— 助成制度(補助金・助成金・融資制度、専門家等の派遣、業務受託・販路開拓)
— 施策活用企業事例(http://j-net21.smrj.go.jp/know/shisaku)(中小企業を支援する施策を利用した事例紹介)
— 全国の支援情報や支援機関を紹介
— 支援情報ナビ(都道府県の中小企業支援事業について目的・方法から検索できる)
　イベント・セミナー例:「公的助成金活用セミナー」「わが社にもデキルIT力向上セミナー」「部下を伸ばすコーチングのすすめ方」「流通サービスのビジネスチャンス研究セミナー」「新ビジネス創出セミナー」「建設業新分野進出セミナー」「事業承継支援施策説明会」「経営力アップセミナー」「IT経営気づき研修」「会社を守る就業規則」等

[ニュースをみる]
— 経営、技術、支援に役立つ最新情報を配信

Chapter 8 課題解決型の機能・手法の提案

(7) ビジネス・マッチングサイトの紹介

a　あっせん機関

■1 ビジネス・マッチング・ステーション（取引あっせん）(http://biz-match-station.zenkyo.or.jp/)

　全国中小企業取引振興協会（http://zenkyo.or.jp/）が国の中小企業底上げ支援の一つの施策として行っている事業です。「外注先を探している、発注先を探している、発注情報がほしい」という企業が、自社のPRを行うとともに、企業情報や受発注情報を閲覧できるほか、企業間の直接（メール等）のやりとりで、新たな取引先開拓に活用できます。登録する者に制限はなく会費は無料で、登録社数は約2万3,000社となっています。

■2 ビジネスマッチングゲート（http://match.kjfc.go.jp/)

　日本政策金融公庫（国民生活事業本部）が運営するビジネス・マッチングサイトです。登録できるのは、当公庫の国民生活事業に事業資金の融資残高を有するもので、無料で全国規模の広告宣伝を行うことができます。

b　活用ポイント

　売上アップという経営課題に対する情報提供を行うことで、他行との差別化を図ります。販路拡大の支援としてビジネス・マッチングは一つの手段ですが、自行のほかに公的支援機関のビジネス・マッチング機能を紹介します。

提案トーク

「ビジネス・マッチングの情報提供ですが、全国中小企業取引振興協会がビジネス・マッチング・ステーション（取引あっせん）として、企業情報や受発注情報の登録・検索ができるサイトを開設していますがご存知ですか」「御社は日本政策金融公庫の国民生活事業の資金をお使いになっているとのことですが、ビジネスマッチングゲートをご利用していらっしゃいますか」「まだでしたら、無料ですし、公的な支援機関の運営で問題はありませんので、ご利用してみたらいかがでしょう。ただ、実績や効果については公表されていないので、効果の

┃ほどは不明ですが…」

(8) 経営自己診断システム「http://k-sindan.smrj.go.jp」の情報提供

a　概　　要

　自社の主要な財務データを入力すると、蓄積されている中小企業の財務データ（100万社以上）と対比させて、財務指標・業界平均値との比較等を通して、経営危険度を診断するシステムです。診断は、総合診断結果、個別指標診断結果、資金繰り診断結果、（個別指標解説一覧表有り）で表示されます。登録不要で、利用料は無料です。あくまでも入力データに基づく指標にしかすぎないことと、このシステムの分類業種は56業種なので、入力企業の業種とピタリとマッチしないケースがあり、業界基準値との比較には限界があることに留意します。

b　活用ポイント

　同業種との財務力比較が簡単にできますので、自社の財務健康診断を行うことで、財務上の問題点の把握とその原因のあぶり出しに活用するよう勧めます。特に、経営改善への取組みが急務となっている企業にとっては、客観的なデータに基づき、取り組むべき課題が明らかになります。

> **提案トーク**
>
> 「経営自己診断システムをご存知ですか」「御社の財務面から健康診断をするのに役立つと思います。ご利用してみたらいかがですか」

(9) 経営セーフティ共済（中小企業倒産防止共済制度）の情報提供

a　概　　要

　この制度は取引先事業者の倒産の影響を受けて、中小企業自らが連鎖倒産する等の事態を防ぐため、共済金の貸付けを受けることができる制度です。金融機関の窓口でも申込みができます。制度が改正され、貸付限度額は3,200万円から8,000万円へ引き上げられ、倒産に私的整理・災害による不渡りが追加、償還期間は貸付額に応じて最長７年などとなりました。

b　活用ポイント

　企業にとってこの共済は、取引先倒産等による売掛債権回収不能による資金不足の調達が金融機関で困難な場合の補完手段となりますので、掛金を増額変更し限度額も必要に応じて増額するよう勧めます。

提案トーク

「経営セーフティ共済に加入していますか？」「ご存知だとは思いますが、貸付限度額が8,000万円に引き上げられましたので、増額変更はいかがですか」「連鎖倒産の危機に見舞われると金融機関も融資を渋ったりするので、別の資金調達枠を増額しておくことも大事です」

(10) 助成金等の情報提供・アドバイス

a　中小企業の範囲
　・製造業その他：資本金3億円以下または従業員300人以下
　・卸売業　　　：資本金1億円以下または従業員100人以下
　・小売業　　　：資本金5,000万円以下または従業員50人以下
　・サービス業　：資本金5,000万円以下または従業員100人以下

b　中小企業緊急雇用安定助成金

❶事業主が従業員を一時的に休業、教育訓練または出向させた場合に、それらに係る手当もしくは賃金等の一部を助成するものです。

❷支給額は休業を行った場合は休業手当相当額の5分の4、教育訓練を行った場合は休業手当金額に6,000円加算されます。

❸出向を行った場合は、出向事業主の負担額の5分の4です。

c　均衡待遇・正社員化推進奨励金（中小企業雇用安定化奨励金を併合）

　対象は雇用するパートタイム労働者または有期契約労働者について、正社員との均衡のとれた待遇の確保、正社員への転換等のために、労働協約または就業規則により正社員転換制度、共通処遇制度、共通教育訓練制度の制度を導入し、実際に制度利用者が生じた事業主です。

d　派遣労働者雇用安定化特別奨励金

　派遣期間が満了するまでに派遣労働者を直接雇用する事業主で、6カ月を超える期間継続して労働者派遣を受け入れていた業務に、派遣労働者を無期または6カ月以上の有期で直接雇い入れる場合で、労働者派遣の期間が終了する前に派遣労働者を直接雇い入れた場合に支給対象です。

e　キャリア形成促進助成金

　企業内における労働者のキャリア形成の効果的な促進のため、目標が明確化された職業訓練の実施、自発的な職業能力開発の支援を行う事業主で、訓練等支援給付金、中小企業雇用創出等能力開発助成金があります。

f　両立支援助成金

❶子育て期短時間勤務支援助成金：子育て期の労働者が利用できる短時間労働時間勤務制度の導入・利用促進に向けた取組みを行い、利用者が生じた事業主が対象です。

❷事業所内保育施設設置・運営等支援助成金：小学校就学の始期に達するまでの子を養育する労働者が働きやすい環境を整備するために事業所内保育施設の設置・運営等を行う事業主が対象です。

g　中小企業両立支援助成金

❶代替要員確保コース：育児休業取得者の代替要員を確保し、育児休業取得者を原職等に復帰させた労働者数300人以下の事業主が対象です。

❷継続就業支援コース：平成23年10月1日以降に育児休業が終了した者が初めて出たなど、一定の要件を満たした労働者数100人以下の中小企業事業主が対象です。

❸休業中能力アップコース：育児休業または介護休業を取得した労働者が、スムーズに職場に復帰できるようなプログラムを実施した労働者数300人以下の事業主が対象です。

h　特定求職者雇用開発助成金

❶特定就職困難者雇用開発助成金……60歳以上65歳未満の高齢者、障害者等特に就職が困難な者を、公共職業安定所等の紹介により継続して雇用する労働者として雇い入れた事業主が対象です。

❷高年齢者雇用開発特別奨励金……雇入れ日の満年齢が65歳以上の離職者を公共職業安定所等の紹介により1週間の所定労働時間が20時間以上の労働者として1年以上継続して雇用する労働者として雇い入れた事業主が対象です。

⑾ 中小企業庁の広報冊子の活用
（http://www.chusho.meti.go.jp/pamflet/index.html）

a 概　要

　中小企業庁の広報冊子のダウンロードが可能で、主な広報冊子は「中小企業施策利用ガイドブック」「事業承継ハンドブック29問29答」「今すぐやる経営革新」「今チャレンジ新連携」「支援内容毎に簡単に施策の内容を紹介したリーフレット」等です。

b 活用方法

　一つは出力したものを企業に情報提供として届ける、あるいはアドレスを紹介し企業側でのアクセスを勧めることで、企業への提案ツールとして活用します。もう一つは、金融機関の担当者の知識向上のツールとして自己啓発に活用します。これにより、事業承継や経営支援・新連携支援制度、あるいは中小企業施策に関する知識の向上が図られ、企業ニーズ・経営課題に対する提案力があがります。

3　「経営力向上TOKYOプロジェクト」の活用

　東京商工会議所等が中心となりまとめたものですが、全国の中小企業に共通して活用できるもので、経営力向上に役立つツールです。また、金融機関担当者の定性面の目利き力等を養成する教材としても有効です。

⑴ 概　要

❶経営力向上チェックシート（70項目チェックと財務項目データ、平成23年度

より）

2 経営力向上ハンドブック約230頁（戦略・経営者、マーケティング、人材・組織、運営管理、財務管理、危機管理・知材・CSR、10の財務指標）の内容は、一例として、「1-3・自社の強み・弱みを把握している」の項については「チェックポイントと対応方針の解説、事例紹介、ステップアップ、支援策の紹介」が収録されています。

3 支援策メニューを経営課題ごとに掲載しています。

(2) 活用ポイント

　企業の経営改善、経営力強化に対する情報提供やアドバイス等に活用します。経営力向上チェックシートを使用して自社の経営力チェックを行い、チェック後に自社の問題点、弱点等に関して「経営力向上ハンドブック」の該当項目の解説に目を通すことを勧めます。解説されている対応方針、事例紹介、ステップアップ、支援策の紹介を参考にして自社の具体的対策を立てるようアドバイスを行い、具体的支援については、公的機関による支援や自行の機能の活用を提案します。

提案トーク

「経営力向上TOKYOプロジェクトについてお聞きになったことはありますか」「東京商工会議所等が中心となり、中小企業の経営力向上に役立てるツールとして、チェックシートやハンドブックを作成したものです。経営上の問題点・課題をチェックし、対策を検討するには適している資料ですので、本日、チェックシートをおもちしました」「ハンドブックについては約230頁になりますので、ホームページにアクセスしてご覧ください。アドレスは○○です」「企業だけでは解決できない悩みや課題は、中小企業支援センターの経営支援機能等をご利用になったらいかがでしょうか。よろしければ私がご紹介させていただきますが…」

4 TKC全国会のセミナー活用

(1) 概　　要

　当会では毎年、10～12月頃にかけて全国各地で企業向け無料セミナーを開催しています。講義は2時間程度と短いので、詳細な内容とはいかないものの、テーマの「切り口」を知るには役に立ちます。過去のテーマを列挙すると、「経営革新セミナー」「変化をチャンスに！社長の行動が未来を変える」「経営承継サクセスプラン」「新たな市場を切り開く」「ホームページ活用術」など、いずれも企業にとっては身近なテーマです。

(2) 活用ポイント

　ホームページ検索によりセミナーの開催情報を入手し、情報提供として企業に持参し参加を勧めます。事前にキャッチした企業ニーズや経営課題にマッチングするテーマであれば、その効果はより高くなります。参加者は経営者に限らず、後継者や幹部社員、内容によっては従業員の参加等を促します。企業視点のほかに、渉外担当者も自分の知識アップのために参加するとよいでしょう。参加したら必ず講師と名刺交換を行い、企業ニーズ等に備えて講師を紹介できるルートづくりをしておきます。

提案トーク

「来月からTKC全国会で○○セミナーを開催します。内容的には、御社の役に立つテーマと思われますので、後継者の方に参加いただいたらいかがですか。当地の開催日は○月○日で、場所は市内でお近くです。お申込みはネットで簡単にできますのでぜひ、お勧めします」「このテーマについては、当金融機関も相談・支援機能を備えておりますので、専門担当者に一度お会いになってください」

Chapter 8　課題解決型の機能・手法の提案

5 民間情報の活用

(1) 新聞・テレビ・ネット情報

　新聞、雑誌、テレビ、ネット情報等から相手が興味をもつ、あるいは経営に役立つ情報を提供します。具体的例としては、"中小企業のための裁判員制度対応のポイント（東京商工会議所作成）"、"経営厳しい中小企業！あえて待遇充実で社員力高める"、"出前研修（品質管理）が企業に人気（振興公社の講師派遣制度）"、"危ない取引先の見分け方と取引先の信用リスク管理"、"卸（おろし）の営業力を上げるリテールサポート研修"、"30名以下企業のための社員力アップ・売上アップ極意セミナー"といったものです。

(2) 書籍情報

　書籍でも新聞等広告欄をみていると、たとえば、"社員の見える化・営業の見える化"、"経営革新支援の進め方"、"社長のためのリスケの本"、"成果型賃金導入マニュアル"、"賃金見直しマニュアル"、"管理者養成マニュアル"、"経済ニュースは嘘をつく"、"日本人の知らない日本語"等が興味を引きそうです。このような場合、すべての書籍を購入して読む必要はなく、書店で内容を調べて経営者が関心をもちそうであれば、「○○の本がおもしろいと思いますので社長も読んでみたらいかがですか」と紹介をします。この情報のポイントは、経営向上に直接関係しなくても、経営者が話題に取り上げたり、講演・挨拶等で使えたりするものも有意義です。

6 事業承継対策のアドバイス・支援と資金ニーズ

　オーナーの考えを無視して、渉外担当者が事業承継問題に関して「こうしたら」「ああすれば」などというのはちょっとおこがましいものです。かと

いって、事業承継の問題について無関心・無知であってはなりません。事業承継は企業にとって大きな経営課題なので、渉外担当者としてもこの問題につき、ある程度の知識が必要になります。さもないと経営者との会話のなかでの事業承継に関する相談ニーズを聞き逃したり、自社株評価低減対策資金、自社株継承資金、相続税納税資金などの融資チャンスを逸したりすることになります。

事業承継の重要なポイントは、①経営者（後継者）、②経営権、③自社株評価（相続対策）です。

(1) 経営者（後継者）の問題

１ 一族（長男）への事業承継は、長男の自覚と能力がどうかがポイントであり、かつ一族の協力も重要です。

２ 一族以外（外部から招聘）への事業承継は、招聘者の能力・資質が問題ですが、経営に十分な手腕を発揮する環境づくりが不可欠であり、社内に一族が存在する場合は、必ず全員の納得が必要です。これを無視して進めるとしこりが残り、一族間での軋轢が生じるおそれがあります。ただ、一族の後継者が若く「つなぎ的な役割」ということがはっきりしていれば別です。

３ 一族以外（内部昇格）への事業承継は、社内からの抜擢となるので、本人に対する周りの評価が高くても、ひがみ、やっかみ、中傷等が渦巻いており、一族の協力が不可欠です。このケースの問題は、経営権つまり会社の所有権（株式）をどうするかです。一族が株式を支配していれば、全幅の信頼をおいて後継者に指名した人間に"会社を乗っ取られる"ということは起こりません。一方、指名された後継者にすれば、安定的な経営権を保有していないと、経営をめぐり一族と対立したり、業績について一族の不満が強かったりすると社長の座を追われるリスクがあります。

(2) 経営権の問題

１ 代表者は取締役会で役員の互選で決まりますが、その取締役の選任権は株

主（株主総会が議決の場）にありますので、会社の真の支配者は株主です。つまり誰が株を所有しているかということが重要です。たとえば、長男は後継者になったが所有株は49％、次男・長女の所有株が51％で議決権の過半数を握っていれば、総会で長男を取締役に選任しないことも可能となるため、長男は代表者の座どころか、会社の経営にも直接タッチすることもできなくなります。

❷代表者の立場がゆるぎなく安定的に経営ができるようにするには、自社株を絶対的安定多数である３分の２以上保有するか、あるいは種類株を活用するかです。

(3) 自社株評価（相続対策）の問題

一族間での自社株の承継方法として、次のような考え方があります。

❶相続：相続人間の争いで株式集中が思うように進まない場合があります。相続税が多額な場合でも、自社株を他に売却して資金を捻出することはM&A以外では困難で、別途資金調達が必要になります。

❷売買：売却代金がオーナーの手元に残り相続財産は減少しません。自社株評価が高いと購入代金が多額となり、購入者に資金調達と返済の問題が生じます。自社株の評価額より低い価格で売買すると、その差額は贈与と認定され贈与税が発生します。

❸贈与：贈与額が多額の場合は、贈与税が大きくなるので資金調達と返済の問題が生じます。それを避けるためには、毎年贈与税がかからない範囲で贈与していくとなると相当な年数が必要です。

いずれの方法であっても、自社株評価額が高ければ後継者に承継するための資金コストが問題となります。自社株評価の高い会社では、経営権（自社株式）をいかに次期経営者にスムーズにバトンタッチさせるかが大きな課題なのです。

(4) 取引相場のない株式（非上場株式）の評価方法の概要

いわゆる自社株の評価方法については、同族株主がいる会社の株式評価は

原則的評価方法として、類似業種比準価額方式または純資産価額方式で評価をすることになり、同族株主以外の少数株主が保有する株式評価は、配当還元方式（評価する会社の配当率によって1株当りの評価額を算定する方式）が適用されることになります。

a　類似業種比準価額方式

評価する会社の業種と類似する上場会社の1株当りの配当金額・利益金額・純資産価額とを比較して、その比準額の一定割合を評価会社の1株当りの評価額とする方式です。この方法は、評価会社の1株当りの配当、利益、純資産の額が高くなれば評価額が高くなります。

b　純資産価額方式

評価する会社の資産・負債を相続税評価額に引き直して、1株当りの純資産価額をもって、その会社の1株当りの評価額とする方式です。この方法は、内部留保の多い会社や含み資産を多くもっている会社の評価は高くなります。

c　類似業種比準価額方式と純資産価額方式とどちらの評価方法を適用するかの判定

株主区分（同族株主がいるかいないか、株式の取得者は同族株主か等）と会社規模（従業員数・業種・総資産価額・取引金額）の組合せから、大会社、中会社の大・中・小、小会社に分類し、「類似業種比準価額方式」「純資産価額方式」「類似業種比準価額と純資産価額との併用方式（例0.6：0.4）」のどの評価方法となるか判定します。

(5)　取引相場のない株式の相続税の納税猶予制度

事業承継者が相続する自社株の課税価格の80％の納税を猶予（相続時の税負担は20％ですみます）する制度で、優遇措置が受けられる条件は、①親族だけで50％超の株式を保有する中小企業の代表者であること、②相続後も5年間は代表者として事業を続け、従業員数を8割以上維持すること、③対象となった株式をすべて担保に提供し、事業承継相続人が死亡の時まで継続保有すること（死亡の時まで保有し続けた場合、猶予税額は免除）で、これら条

件に適合しなくなった場合は、猶予が取り消され納税が発生します。

(6) 経営権確保のための種類株の利用（お家騒動の防止等）

a　議決権制限株式

既存の株式を議決権がない、あるいは議決権行使できる事項を制限する株式に変更します。

- 事例：オーナー経営者が普通株式100％保有、後継者は長男でその他は長女と次女の場合、株式の3分の2を議決権制限株式に変更し、遺言で長男に3分の1の普通株式、長女・次女に各々3分の1の議決権制限株式の相続を指定します。

b　取得条項付株式

会社が、一定の事由が生じたことを条件として、これを取得できるという条件付株式です。

- 事例：専務（非同族）が1千株所有しているが、専務の相続人は会社とはまったく関係ありません。この1千株を取得条項付株式にしておけば、専務が死亡した場合、会社は相続人に売渡請求し株式の集中が図れます。

c　拒否権付種類株式

あらゆる事項、あるいは一定の事項について種類株主総会の決議が必要であると定めることができます。こうなると普通株主総会ではなく、種類株主の承認を得ない限り議決ができなくなります。

- 事例：この種類株式を1株だけ発行した場合には、その株式は万能拒否権株式（黄金株）となりますが、事業後継者に拒否権付種類株式を付与しておくことで経営権が確保されます。

d　属人的種類株式

譲渡制限株式会社では、剰余金の配当・議決権等について、株主ごとに異なる特別の扱い（属人的制限の定め）をすることができます。

- 事例：長男（後継者）、長女、次女が各々3分の1を保有している場合、保有する株式数にかかわらず、長男は3分の2の議決権、長女・次女は

各々6分の1の議決権とします。その見返りに、長女・次女に対しては、長男に先立ち1株につき○○円の剰余金の配当を行います。

(7) 自社株対策に伴う資金ニーズ

自社株対策としての資金ニーズとしては、①後継者への自社株購入資金、②贈与税・相続税資金、③株価引下げ対策資金（純資産価額の減少を図るために、オーナーへ多額な退職金を支払うための資金ニーズ等が発生）などが考えられます。事業承継についての問題点を理解し、的確な情報提供やアドバイスを行っていれば、資金ニーズを確実に取り込むことができます。

(8) 活用のポイント

事業承継に関しては、後継者や経営権といった機微にわたる問題や相続・自社株評価といった専門分野の問題から、金融機関本部支援チームであっても対応は限られます。したがって、担当者として大事なのは事業承継について、①経営者との話題に取り上げることができる程度の知識は理解していること、②問題点について簡単なアドバイスや情報提供ができること、③相談機関の紹介ができること、④相談機関については、当然自行を勧めることです。

具体的には、経営権の問題点の指摘と種類株式利用による経営権の安定化をアドバイス、相続税の納税猶予制度に関する情報提供、自社株評価方法や株価が高額な場合の問題点について概略説明ができれば十分です。事業承継対策が必要な企業は、一般的には良好な企業と考えられ、取引したい企業といえます。それだけに、事業承継に関する知識を活用してアプローチをするのです。

提案トーク

「社長さんのご家族は？」「そうすると御社の後継ぎの方はご長男ですか？」「それならもうご心配はないですね。ただ、自社株の後継者へのバトンタッチについてはいろいろと対策が必要なこともあるようですが、メイン行さんから何か

お聞きになったことはありますか？」「自社株の評価やその対策について税理士さんとご相談していますか？」「自社株の評価が高いとバトンタッチも大変なようですので、一度、概算となりますが評価をしてみてはいかがですか。ぜひ、当行の企業支援機能をご利用ください」

7 M&A（Merger & Acquisition）をサポートする

　M&Aというと、大企業を中心とした動きで中小企業にとってはなじみの薄いものでありましたが、M&Aという手法は中小企業においても、経営戦略の一つとして浸透してきています。渉外担当者の役割としては、一つは企業の売り手となる潜在的ニーズの発掘であり、いま一つは、買い手の事業拡大を図りたいといったニーズを引き出すことです。まだニーズが潜在化の段階であっても、本部機能を活用して仕組みや手法の説明、メリット・問題点等に関する相談機能を発揮することで顕在化させることも可能となります。

　渉外担当者がM&Aをアピールするにあたっては、財務状況が良好な企業であれば、小が大をのむ形でのM&Aも可能であり、大が小をのむとは限らないことを認識しておくことも必要です。

(1) M&Aのパターン

　①地場ではそれなりの企業だが、後継者不在による事業承継対策、②事業廃業による取引先への悪影響や従業員雇用の問題を回避、③事業の先行きに対する不安等の解消、④自力での成長が壁にぶつかり売却先企業の傘下で拡大を図る、⑤複数の事業を手がけているが、選択と集中のために重要度が低い事業、あるいは不採算部門を切り離す、⑥赤字・債務超過であっても黒字部門や技術力ある生産部門など価値のあるところだけを生かす、などです。

(2) M&Aの主な形態

❶株式譲渡は最も一般的な手法で、売り手企業のオーナーが買い手企業に保

有株式を売却することで経営権を譲り渡します。この方法では、売られた企業は現状のまま引き継がれるので、事業価値が毀損せずに承継されるメリットがあります。また売り手企業のオーナーには譲渡代金が手に入ります。

❷事業譲渡は、企業の中身のみ、あるいは一事業部門のみ譲渡する形態です。売り手企業にとり不採算部門や重要度が低い事業を切り離したい場合などに使われる手法です。事業譲渡では、工場・店舗等の有形固定資産や、売掛金・在庫等の流動資産だけでなく、営業権・技術、顧客データ等も対象となります。

❸第三者割当増資は、売り手企業が買い手企業に対して新株を発行し引き受けてもらう方法で、増資により買い手企業グループの一員となることで成長を促進させるというような場合にとられます。買い手企業から役員が派遣されることが一般的です。会社に資金は導入されますがオーナーには現金は入りません。

❹合併は二つ以上の会社が一つになることで、組織が完全に一体となります。手法としては、大きいほうの企業が小さい企業を吸収合併するのがほとんどです。売り手企業のオーナーは譲渡の対価として買い手企業の株式を受け取るため、現金を手にできず中小企業ではあまり行われません。

(3) 留意点

❶売り手は早い時期で決断することが大切で、どんなに優良企業であっても経営資源の劣化が始まったり、赤字に陥ったりすれば企業価値は激減します。

❷事前に情報が漏洩すると従業員の反発や競合他社に取引先を奪取されたりして壊れてしまうことも多いです。

❸売り手・買い手の交渉成立までは極秘裏に話を進め、合意段階に至ったら従業員や取引先に公表し賛同・協力を仰ぎます。

(4) 活用のポイント

　後継者が不在、事業の先行きに不安を感じているなどの事業承継に問題を抱えているとか、不採算部門の整理が必要などといった企業に対し、あまり経営者を刺激することのないように配慮しながら、売り手企業の潜在的ニーズの引出しを図ります。そのためにM&Aの仕組みやメリットなどを渉外担当者として基本的知識の範囲内でわかりやすく解説することができれば十分です。これなら経営者も安心して耳を傾けてくれますので、必要な場合には、さらに相談・アドバイス機能の紹介・提供ができることを伝えておきましょう。

　経営者に関心がみられるようであれば経営者の了解を得て、本部の担当部署等を帯同し、仕組み・流れとかメリット・問題点等の説明、成功事例の紹介などを行います。了解なしで、売り手企業への一方的なアプローチは、経営者に不信感や不快感を与えかねないので注意が必要です。

　売り手側だけではなく、買い手企業の買いニーズについても引き出しましょう。買い手企業のニーズとしては、①規模のメリットを追求したい、②外注部門を内製化したい、③販売拠点を早急に広げたい、④自社のウィークポイントを強化したい、⑤技術力や暖簾を手に入れたい、などいろいろな潜在的ニーズもあるはずなので、こうしたニーズの掘起しを行い、M&Aの提案・アドバイス等を行います。

　取引金融機関との差別化が図れれば、融資取引のチャンスは確実にふえます。M&Aが具現化することになれば、仲介のビジネスフィーも期待できます。

提案トーク

a　売り手企業に対してのトーク

「後継者はおいでになるとのことですが、事業の先行きに一抹の不安があり悩んでいらっしゃるのですね」「経営のスリム化を図るために、不採算部門を切り離すことを考えていらっしゃるのですね」「それなら一度、M&Aについて検討し

てみたらいかがでしょうか。M&Aは企業価値が高いうちに行うことが大切です。よろしければ当行の担当部署の話をお聞きになってみたらいかがですか」

b　買い手企業に対してのトーク

「御社の事業展開を図るには、地域の小売業を傘下に収めて拡大を図ることを検討したらいかがでしょうか。そのためにはM&Aという経営戦略も、一度考えてみたらいかがですか」「いま配送は大量に外注しているとのことですが、いっそのことM&Aで運送業を買収し自社部門の配送に切り替えることを検討したらいかがでしょう。その結果、配送の機動性が増すことでユーザーのニーズにきめ細かく対応できるのではないでしょうか」「当行として、M&Aに力を入れているので売り手企業のご紹介もできるのではないかと思います」

8　金融機関のビジネス・マッチング機能の活用

(1)　自行のビジネス・マッチングを提案するにあたっての留意ポイント

1 仕組みについてしっかり説明をします。有料か・無料か、金融機関の内部のマッチングか、外部業者と提携したマッチングか、受発注ニーズの紹介・連絡はどのように行われるのか、登録期間の制限の有無、情報漏えい等のリスクはないことなどです。

2 ビジネス・マッチングの成功事例は必ず調べて情報整理しておき、もちろん個社名は守秘しますが、どんな業種でどのようなマッチングが成功したかを具体的に説明しないと相手の関心がわきません。ただし、マッチングはそう簡単には成功しないものなので、過度な期待を抱かれないように注意します。

3 マッチングが成約しなくても、ビジネス・マッチング機能を利用することにより自社の認知度アップを図る効果があることをアピールします。

(2) 支店サイドでのビジネス・マッチングの成功事例

　ビジネス・マッチングは、大きな仕組みよりもちょっとした情報の結びつけや担当者のアイディアによる支店単位での取組みが時には効果を発揮します。渉外会議を利用してマッチング情報交換を行ったり、マッチング成功事例を共有したりすることを継続的に実践することが望まれます。

a　女性服飾品製造業者に新販売拠点を紹介

　デザイナーズキャラクターによる高級婦人服等を製造し、自社ブランドとして都市部の百貨店や専門店に納品し一定の評判を得ています。しかし、地場では自社の販売網がなく売上げに寄与していないこと、また知名度も低いことから人材確保等の点でも劣勢な状態にあり、地元でアンテナショップを考えていました。そこで、支店内でのビジネス・マッチング情報会議で検討を行い、女性・高級のキーワードから取引先の高級洋菓子店舗とのコラボを提案しました。両者のイメージアップにつながることから、洋菓子店舗の喫茶スペースで展示・販売を行うことになりました。

b　菓子製造業者の新商品を呉服・小物販売業者に紹介

　地元の名産果物を使用して、カロリーと甘みを抑えた上品な和洋ミックスの新商品を開発した菓子製造業者が、販売促進のために知名度アップを目指していました。一方で、呉服・小物販売業者が、定期的に各地で開催する展示販売会への顧客誘引策の一つとして、主要顧客たる中高年の女性向けに来場サービス品を検討していました。そこでこの販売業者に菓子製造業者の新商品を紹介したところ、社長・社員が試食して高評価であったので、展示販売会来場者への記念品として採用されることとなりました。

c　アルミ用品加工業者の介護品分野進出に対しアライアンス先を紹介

　アルミ用品加工ではライバルとの競合が激しく収益も低下しつつあるので、新分野として介護品関係に進出し始めようと食器類等の試作品が完成し販売に乗り出しました。しかし、販売ノウハウの不足あるいはライバル品との機能の競争もあり、どうやってマーケットを開拓するか悩んでいました。取引金融機関は、この業者から製品のよさをPRできる方法につき相談を受

けたので、販路先として取引先の大手病院を紹介しました。そうしたところ、一点はその病院での購入が決定したこと、もう一点は、被介護者にとり必要な機能を熟知している病院が、今後の製品開発にノウハウや情報を提供し、指導・支援をすることで両者がアライアンスすることとなりました。これにより加工業者は事業拡大の援軍を得ることができ、病院は売上げに応じたロイヤリティを受け取ることができるようになりました。

d　清掃業者と内装業者のマッチング

　ビル・オフィス清掃業者が競合他社との差別化を図るために、金融機関が外部機関を使って顧客満足度調査を実施するよう提案したところ、「できれば床や壁の傷・破損箇所を修繕してほしい」とのニーズが強いことが判明しました。そこで、メイン行主催のビジネス・マッチングに参加を促し、良好な内装業者とのマッチングに成功しました。

e　イタリアンレストラン経営者に客足対策として他社の事例を紹介

　中心市街地の衰退で客足が減少し売上げで悩んでいるイタリアンレストランがあり、ビジネス・マッチング機能の利用を勧め登録してみたものの、ほぼ成果はみられませんでした。一方、取引先の和食専門店も同様な問題を抱えていましたが、昼のランチをとりやめてその時間帯を料理教室に切り替えました。教室に参加した生徒はプロの味をあらためて認識することとなり、口コミで評判が広がり、夜の部の売上げが増加しました。そこで、直接的なビジネス・マッチンではありませんが、この事例をイタリアンレストラン経営者に情報提供したところ、同様な取組みをすることとなり売上改善に寄与しました。

9　経営力強化のためにSWOT分析の実施をアドバイスする

　SWOT分析とは、強みのS、弱みのW、機会のO、脅威のTの頭文字をとって名づけられた分析手法で、経営戦略の策定に用いられる方法です。経営力の強み・弱み要因と、経営環境の機会・脅威要因とをマトリックスシー

トの四つの枠に書き込み、それらの組合せによって今後の事業機会や経営課題を明らかにするものです。

a　分析表

| 内部環境要素 | Strength（強み） | Weakness（弱み） |
| 外部環境要素 | Opportunity（機会） | Threat（脅威） |

b　内部環境の視点（企業内部の観点から自社の強みと弱みを検討）

❶経営チーム（経営能力、意欲、健康、年齢等）
❷従業員（能力、やる気、忠誠度等）
❸営業構造（営業組織体制、販路、マーケットポジション等）
❹自社商品力（品揃えの広さと深さ、質、特性等）
❺収益構造（収益率、原価計算、コスト管理力、損益分岐点等）
❻資金力（財務体質、調達力、担保力等）
❼情報収集力（各種ネットワーク、外部ブレーン、取引先等）
❽自社保有ノウハウ（特許、独自技術、サービス、仕入力等）
❾企業イメージ（知名度、信頼感等）
❿事業集中度（事業分野、商品、取引先等）

c　外部環境の視点（事業にとってのプラスとなる機会とマイナスとなる脅威を検討する）

❶景気動向（個人消費、設備投資、公的投資、海外動向等）
❷社会情勢変化（少子化、高齢化、IT化、技術革新、国際化等）
❸市場環境（消費者動向、市場規模等）
❹競争環境（競合他社動向、新規参入、価格等）
❺取引先（自社にとっての川上・川下企業の動向等）
❻関連先（金融機関の動向、官公庁の施策、業界団体の動向等）

d　SWOT分析から得られる戦略や課題

❶自社の強みで取り込むことができる事業機会をものにできないか
❷自社の強みで脅威を回避できないか
❸自社の弱みで事業機会を逃さないために何が必要か

4 脅威と自社の弱みが重なり、最悪の事態を招かないためにはどうするか

e　SWOT分析の留意点

1 ネガティブに分析すると「弱み」と「脅威」ばかりになりやすい

2 当たり前の分析からは、当たり前の経営戦略しか出てこない

3 「弱み」「強み」になるか、「機会」「脅威」となるかの基準は評価者により異なる

f　効果的な実施方法

　この分析を経営陣・部長層、中間管理者・社員層の2グループに分けて行うと、2層の認識のズレもわかり全社一丸となっての取組みに役立ちます。

g　外食産業店のSWOT分析例

S	W
規模の利益の効果が期待できる 若い社員が多く意気込みが高い 品質と味には絶対の自信がある 商品企画力が優れている 顧客は幅広い年齢層である	固定経費率が高い 急成長のためマネジメント層が不足 出店地の確保力が弱い 資金調達力が弱い ブランド力の浸透が十分ではない
O	T
フランチャイズで出店スピードアップ 店舗近くに大型集客施設ができた 顧客の安全・健康志向が高まっている マスコミ露出度を高め顧客を拡大 中食としてのテイクアウト戦略	デフレによる低価格競争 原材料の値上りが急激である ライバルが急速展開を始めた 人気商品を出しても類似競合商品が出現 顧客の嗜好の変化サイクルが早い

10　損益分岐点売上高による経営改善目標の策定を支援する

　業績が不振に陥った企業では経営改善が不可欠ですが、経営改善計画の立て方や手法がわからないという企業は多いものです。こうした企業では、根拠のない単なる右肩上がりの売上増加計画をつくり、お茶を濁すことで終わってしまう結果、予定通りに計画が進捗せず金融機関への説明に苦しむこ

とになります。改善計画をつくれば企業が生き残れるわけではありませんが、再生に必要な売上目標が具体的にとらえられれば、再生への道程もみえてきます。そのために、金融機関としての支援機能の発揮が求められています。

(1) 損益分岐点売上高を計算する（直近の損益計算書ベース）

まず販管費・製造原価費を固定費・変動費に区分します。実務的には、各勘定科目の伝票内容を精査しながら区分けますが、変動費の項目のほうが少ないので、変動費を先に決定し、残りを固定費としてもよいです。どちらか不明、両方混在で区分けに迷うといった場合には、大きな影響を与えないものは「中小企業の原価指標」を参考に判断をします。

ただし、費用のなかで退職金等のような特殊要因は除外します。

製造業	固定費 直接労務費、間接労務費、福利厚生費、減価償却費、賃借料、保険料、修繕費、水道光熱費、旅費・交通費、その他製造経費、通信費、支払運賃、荷造費、消耗品費、広告宣伝費、交際・接待費、その他販売費、役員給料手当、事務員・販売員給料手当、支払利息・割引料、従業員教育費、租税公課、研究開発費、その他管理費
	変動費 直接材料費、買入部品費、外注工賃、間接材料費、その他直接経費、重油等燃料費、当期製品仕入原価、期首製品棚卸高－期末製品棚卸高、酒税
卸売・小売販売業	固定費 販売員給料手当、車両燃料費（卸売業の場合50％）、車両修理費（卸売業の場合50％）、販売員旅費・交通費、通信費、広告宣伝費、その他販売費、役員給料手当、事務員給料手当、福利厚生費、減価償却費、交際・接待費、土地建物賃借料、保険料（卸売業の場合50％）、修繕費、光熱水道料、支払利息・割引料、租税公課、従業員教育費、その他管理費
	変動費 売上原価、支払運賃、支払荷造費、荷造材料費、支払保管料、車両燃料費（卸売業の場合のみ50％）、車両修理費（卸売業の場合のみ50％）、保険料（卸売業の場合のみ50％）

注：小売業の車両燃料費、車両修理費、保険料は、すべて固定費に入る。

(2) 損益分岐点売上高の計算

【損益分岐点売上高＝固定費÷（1－変動費÷売上高）】

小売業の事例（変動・固定費区分は中小企業原価指標による）

損益計算書			販売管理費		
売上げ	500	ー	役員報酬	19	固
売上原価	379	変	給与手当・賞与	72	固
期首商品棚卸高	42		法定福利・福利厚生費	6	固
当期商品仕入高	380		旅費交通費・通信費	5	固
期末商品棚卸高	43		租税公課・リース料	4	固
売上総利益	121		接待交際費	1	固
販売管理費	120		減価償却費	2	固
営業利益	1		会議費・備品費	2	固
営業外収益	1		賃借料・地代家賃	2	固
営業外費用	6		研修図書費・保険料	2	固
（支払利息）	(4)	固	運賃荷造費	3	変
経常利益	－4		雑費他	2	固
当期純利益	－4		合計	120	ー

固定費計121
変動費計382

注：支払利息は固定費とする。

・損益分岐点売上高＝固定費121÷（1－変動費382÷売上げ500）≒513

製造業の事例（変動・固定費区分は中小企業原価指標による）

損益計算書			製造原価報告書			販売管理費		
売上げ	400		材料費	186	変	役員報酬	15	
売上原価	359		労務費	74	固	給与手当賞与	12	
期首製品棚卸高	25	変	経費	94	ー	法定福利厚生費	1	
当期製品製造原価	356	ー	外注加工費	48	変	旅費交通通信費	2	
期末製品棚卸高	22	変	電力費	21	変	租税公課	1	
売上総利益	41		水道光熱費	4	固	交際接待費	1	
販売管理費	45		運賃・車両費	7	固	減価償却費	1	
営業利益	－4		修繕費等	3	固	リース料	2	
営業外収益	1		消耗品費	1	固	備品費	1	
営業外費用	5		旅費交通	2	固	会議費	1	
（支払利息）	(4)	固	リース料他	3	固	賃借料・地代	1	
経常利益	－8		減価償却費	5	固	研修図書・保険料	2	
税引前当期純利益	－8		期首仕掛品棚卸高	9	変	雑費他	2	
法人税等	0		期末仕掛品棚卸高	7	変	引当金繰入額	3	
当期純利益	－8		当期製品製造原価	356	ー	合計	45	固

注：支払利息は固定費とする。

- 固定費計＝労務費74＋製造原価経費中の固定費25＋販売管理費45＋支払利息4＝148
- 変動費計＝期首製品棚卸高25－期末製品棚卸高22＋材料費186＋製造原価中の変動費69＋期首仕掛品棚卸高9－期末仕掛品棚卸高7＝260
- 損益分岐点売上高＝固定費148÷（1－変動費260÷売上げ400)≒423

(3) コスト（売上原価・販売管理費）削減後の損益分岐点を算出する

小売業・製造業の事例で、見直しの結果、固定費・変動費ともに1％削減が見込めるとした場合の損益分岐点売上高を算出します。
- 小売業の損益分岐点売上高＝120÷（1－378÷500)≒497
- 製造業の損益分岐点売上高＝147÷（1－257÷400)≒411

(4) 活用のポイント

赤字で悩んでいる企業も多いという現実をふまえて、アプローチした企業に緊急保証制度等のマル保融資をセールスすればよいのではなく、金融機関が"経営改善目標の立て方等"を支援するので一緒に取り組んでいくことを提案しましょう。提案が受け入れられれば、企業実態が把握できるので、改善が見込まれる先には融資セールスに前向きに取り組めます。経営改善の具体策の実現については、公的機関の機能等の活用、「経営力向上TOKYOプロジェクト」の経営力向上チェックシート・ハンドブックの活用、ビジネス・マッチングの紹介等につきアドバイスができれば役割としては十分です。

提案トーク

「業績不振と悩んでいらっしゃるようですが、損益分岐点売上高を把握してみたらいかがですか」「いえいえ、そんなにむずかしいことではありませんし、私がその手法等についてはご支援させていただきますので」「損益分岐点売上高を計算するにあたっては、売上原価と販売管理費を固定費と変動費に分解する必要があるのですが、実はこの分解の過程で無駄なコストをチェックすることがで

きますので、削減に大きな効果を発揮します」「そして、コスト削減後の損益分岐点売上高を把握して、その売上達成のための具体策を検討することとなります」

11 販売先の信用リスク管理手法および危ない先との継続的取引の解消手順につき支援・アドバイスする

(1) 販売先管理簿（様式は金融機関クレジットファイルの企業要項等を参考）を作成する

記載事項は、

1. 基本情報として、販売先名・所在地・従業員数・代表者等です。
2. 必須情報として、取引（与信）限度額、取引金融機関、主要役員、取引他社、回収方法（現金・手形比率、締め日、請求・回収日、集金・振込み）、納入形態（受発注、納入期間、納入方法）、決算月等です。
3. 信用判定基準は格付（3～5段階程度の区分）で行います。
4. 精緻で複雑なものは、実効性が失われるので項目は絞り込みます。
5. 販売先数が多い場合は、一定基準で対象先を線引きします。

(2) 販売先の格付

役員・営業・経理部門が参加し、取引量と収益性、業界情報、支払の仕振り、商業登記簿債権譲渡欄の確認、信用調査機関の報告書、収集情報等から総合的に判定します。

(3) 管理と見直し手順を決める

1. 格付区分によって見直しサイクルを決め、継続的に見直しを行います。
2. 一定以下の格付先は、商業・不動産登記簿の閲覧を定期的にチェックします。
3. 取引限度額の超過や変更は、事前協議制を取り入れ、営業部門の独走を

チェックします。
4 格付区分に基づき役員・部長・課長の定期的訪問により販売先をチェックします。
5 半期に一度は信用リスク管理会議を開催し、関係部門・メンバーも参加します。

(4) 取引継続するかどうかの判断は

1 会社存続上、主要な先（売上規模、収益に占める割合）で取引解消困難な場合はリスクを回避する手段はとれるか、取引条件の変更（回収期間短縮）は可能かを検討します。
2 焦付きによる損失と取引解消による収益機会の喪失とを比較して、最終的に取引継続の判断を行います。

(5) 継続的取引の解消手順

　取引相手先に危険な兆候がみられるので、直ちに商品納入を停止することとしました。しかし、継続的な取引においては売主と買主その相互信頼関係で成り立っており、買主に危険な兆候がみられるとか、代金支払が一時的に遅延したからといって直ちに取引義務を免れるものではありません。したがって、安易に取引を解消しようとすると、取引先から損害賠償を請求され、訴訟トラブルに巻き込まれることになります。トラブル回避の代償として、売掛債権の一部あるいは全部を放棄して取引解消ということになりかねません。そこで、売主の都合で解消する場合には、その前に保全強化による取引継続に努めるなど買主が営業を継続できるように配慮しながら、一般的には、6カ月～1年前に取引解消の予告をすれば買主の保護としては十分です。

(6) 活用ポイント

　金融機関と同様に企業においても、販売先の倒産によるロスをいかに最小限にとどめるかは大きな課題です。下請企業のような場合は親企業と運命共

同体なので、信用リスク管理をする意味合いは薄いかもしれませんが、販売先が多岐にわたる企業ではリスク管理の重要性は高いです。しかし、経験と勘に頼っていて、何をどう管理すればよいのか、その管理手法がわからないので、金融機関の支援やアドバイスを期待しています。そこで、販売先管理簿の作成方法、継続的管理手法、規程作成等についての提案を行えば、企業は関心を寄せるはずです。担当者が作成した見本を提示できればより有効であり、さらに、営業社員に"危ない企業の見分け方"について金融機関担当者による研修支援を提案できれば完璧です。

12 経営者一族の個人ニーズに応える

　企業ニーズや経営課題に解決策を提案できるのが理想的ですが、現実的には容易ではありません。新規開拓という観点からすれば、企業ニーズに直接応えられなくても、経営者一族の個人的ニーズに応えるとか、あるいは情報提供をすることができれば、感謝の念や好感を抱いてくれますので、取引成功に向けて大きく前進する手段となります。

(1) 個人ニーズに応える

　個人ニーズとは、日常の生活のなかで起きるニーズであり、娯楽、趣味、旅行、健康、法律等多様なものです。たとえば、趣味に関する情報を提供する、家族が重い病気に罹ったときに名医のいる病院を紹介する、海外旅行に際し現地の情報・注意点をアドバイスする、小学生の孫がいれば知育にプラスになる書籍・遊具等を紹介する、などです。

(2) 情報チャネルの構築

　これらの情報入手や紹介チャネルはどのようにするのかというと、まず情報に関しては、新聞・雑誌・テレビ・ラジオ・インターネット・他人の話題といったことから入手します。たとえば、テレビで「〇〇の図鑑」（小学生

向き）が価格は高いが評判を呼んでいるというニュースをみたら、その内容を書店で確認したうえで、経営者に「お孫さんのプレゼントにいかがですか。きっと喜びますよ」と話題の一つとして情報を提供します。次に、紹介チャネルの構築ですが、身近なところでは自行の取引先、友人・知人等であり、専門家となれば弁護士、医師（大学病院の紹介等に役立つ）等です。経営者の好きな有名公演だがチケットが入手困難なとき、友人・知人に公演関係者がいれば、便宜を図ってもらうことも考えられます。自分の情報チャネルを構築するには、普段から人的な接点を大切にするよう心がけることが大切です。

Chapter 9

課題解決の効果的
プレゼンテーション事例

重要ポイント

1. 経営課題解決に役立つ人材が不足している場合は、豊富な経験をもつ企業等の退職者からアドバイスを受け課題解決を図ることができる制度を紹介します。

2. 海外への進出を考えている企業には、日本商工会議所の中小企業国際化支援ナビゲーターに海外進出に関する中小企業支援機関一覧が掲載されているので情報提供をします。

3. 社内のIT化やIT人材の育成を図りたいときには、公的機関のIT専門家の長期間派遣事業や戦略的CIO育成支援事業を紹介します。

4. 販路拡大を支援する場合、企業に対し製・商品やサービスの内容や特色、ターゲット顧客はどういう先か、購入する顧客のメリットといった点について明確にするようにアドバイスを行い、支援できる手段・ツールを提案します。

5. 人材の活用・育成で悩んでいたら、経営者のマネジメント能力の向上、中間管理職のリーダー教育、そして従業員のモラールアップ研修・実務訓練研修の3点が有機的に機能しないと効果があがらないことをアドバイスして、人材研修セミナー等を紹介します。

6. 技術力はあるものの営業力が弱いならば、営業力をアップする要素は、マンパワーの投入、営業スキルアップ、販促戦略の構築の3点であり、事務・現場部門の営業戦力化、社内でのOJT研修、専門家派遣による研修実施等をアドバイス・提案します。

7. 後継者難や会社の将来に確信がもてず、事業承継に悩んでいるような場合には、清算バランスの作成で資産超過か負債超過かの結果をみて、事業継続を検討するようにアドバイスします。

8. 技術的な問題に悩んでいる場合には、公的機関や商工団体の技術専門家の相談窓口の利用や専門家派遣の活用、OB人材マッチング等の活用を提案します。

9. 自行の職員に開発商品を試してもらい、コストをかけずにユーザーの声を聞くことができる職員アンケートを実施することで商品開発をサポートします。

1 経営課題解決に役立つ人材が不足している

経営戦略の見直しや新事業展開、技術・製品開発、販売・マーケティング、生産管理、海外進出、情報化・IT活用、事業承継などさまざまな経営課題を抱えている中小企業では、課題を解決するための内部人材が不足していることが多いです。この場合、豊富な経験をもつ企業等の退職者からアドバイスを受けることで、課題解決を図ることができる制度を紹介します。

(1) 中小企業庁支援策の「新現役人材を活用した支援事業」

中小企業と新現役人材をマッチングし経営課題の解決を支援する制度で、中小企業基盤整備機構地域事務局の新現役データベースに照会をし、中小企業のニーズに適した人材の紹介を受けるものです。新現役とは、大企業等の退職者および近く退職を控えるシニア人材で、その有する技術・ノウハウ等を中小企業に活かしていこうという高い志をもっている人のことです。

(2) 支援条件

企業と新現役との話合いで決定します。目安として、金額1万7,000円程度／日、頻度2回／週、期間8カ月ですが、実際の支援内容等により異なります。

2 海外への進出を考えている

円高対策、発注企業の生産拠点の海外移転化、国内市場の飽和状態などから、海外への進出も考えざるをえない局面ではありますが、社内ではノウハウや人材が不足をしています。このような場合は、公的機関等の機能の紹介あるいは情報の提供を行います。日本商工会議所・国際関連情報（中小企業国際化支援ナビゲーター）に海外進出に関するさまざまな中小企業支援機関

一覧が掲載されていますので、企業ニーズに適した機能を選択しやすいです。主な支援機関と支援内容は、以下のとおりです。

(1) 日本貿易振興機構（ジェトロ）

　海外に進出する際・進出後の支援にかかる情報提供・サポートを行っています。支援内容は、中小企業海外投資促進ミッション派遣事業、海外法務・労務・税務・知的財産情報提供事業、海外事業立上げ支援事業です。

(2) 中小企業基盤整備機構

❶中小企業国際化支援アドバイス事業……海外展開に関する課題や悩みに関して、無料（現地同行アドバイスは有料）で何度でも専門家によるアドバイスを受けることができます。
❷中小企業海外展開等支援事業……海外への販路拡大を目指す中小企業に海外展示会および国内展示会を活用し、出展の準備段階から出展後の成約段階まで一貫した支援を行います。
❸海外展開セミナーおよび個別相談会

3 社内のIT化やIT人材の育成を図りたい

　部門間、企業間の連携など比較的高度なITシステムを導入することにより、経営課題の解決・経営改革を計画的に実施しようとする企業に、IT経営に十分な知見と実績がある専門家を長期間派遣し、ITを活用した経営戦略の策定等のアドバイスを行うとともに、中小企業内のCIO候補者を育成する戦略的CIO育成支援事業（中小企業基盤整備機構）を紹介します。専門家派遣に要する費用負担は、謝金の3分の1です。

4 新たに販路を拡大したい

　販路拡大を支援する場合、企業に対し製商品やサービスの内容や特色およびターゲットとする顧客はどういう先か、それらを購入する顧客のメリットはあるのか、といった点について明確にするようにアドバイスを行い、支援できる手段・ツールを提案します。

1. 自行のビジネス・マッチング機能の活用で、本部マッチングデータベースへの登録、自店・僚店取引先の紹介、あるいは自行の関連会社の情報誌への掲載等
2. 商工団体等提携による異業種交流会への参加斡旋や全国中小企業取引振興協会のビジネス・マッチング・ステーションへの登録アドバイス
3. 中小企業支援センターの販路拡大支援機能の紹介
4. セミナーの情報提供（例："新たな市場を切り開く・TKC全国会セミナー"、"流通サービスのビジネスチャンス研究セミナー"等）

5 人材の活用・育成で悩んでいる

　中小企業の経営者はワンマン・独善的になりやすく、知らないうちに経営者と従業員との間にギャップが生じて、従業員のモチベーションが下がったり、ヤル気を失ったり、不満が募るということになります。そこで人材活用・育成には、経営者のマネジメント能力の向上、中間管理職のリーダー教育、そして従業員のモラールアップ研修・実務訓練研修の3点が有機的に機能しないと効果があがらないことをアドバイスして、人材研修セミナー等を紹介します。

1. 中小企業支援センター、商工団体、中小企業大学校、自行関連会社等が開催するセミナーの情報を提示（例："部下を伸ばすコーチングの進め方"、"リーダーのための戦略的問題解決実践研修"等）

❷中小企業支援センターの専門家派遣事業を利用し、講師を招聘しての社内研修を提案
❸自行の取引先コンサルタント等を紹介
❹書籍の紹介（例："社員の見える化・営業の見える化"、"管理者養成マニュアル"等）

6　技術力はあるものの営業力が弱い

　営業力をアップする要素は、マンパワーの投入、営業スキルアップ、販促戦略の構築の3点です。

❶マンパワーを投入するには、新規社員の雇用では採算が合わないので、事務部門・現場部門から人員を捻出しての投入、および管理職の営業戦力化をアドバイスします。
❷営業スキルアップは、まずは社内でのOJTが効果的に行われているかどうかをチェックし、外部セミナーか専門家派遣による研修実施、モラールアップにつながる実績考課制度の導入などを提案します。これらを具現化するための公的機関の紹介、セミナーの情報提供を行います。
❸販促戦略となると、商品のネーミング・キャッチコピー・パッケージ・プロモーションという問題になりますので、公的機関等の専門家派遣の活用を勧めます。

7　後継者難や会社の将来に確信がもてず事業承継に悩んでいる

　事業継続という事業承継の考え方とはまったく別の観点から、清算バランスの作成を提案するのも一つの方法です。清算バランスとは、直近の決算基準で、理論的に会社を解散したら資産・負債のバランスは資産超過か、債務超過かを算定するもので、決して会社を解散するというわけではないので誤

解のないように説明する必要があります。資産の査定方法は、資産の部の科目をすべて現金評価に引き直します。現預金・売上債権は100％の評価とし、棚卸資産は在庫処分するとなると、たとえば50％程度の評価とみなし、その他の科目は実情に応じて判断します。固定資産は、土地は時価評価しますが、むずかしいのは建物や機械設備等の評価で、実質的には簿価の20～30％で処分できればよいほうではないでしょうか。無形固定資産は0評価、投資その他資産は内容に応じて判断します。負債の部は原則、簿価と同額の評価としますが、経営者からの借入金や経営者への未払報酬等は除外します。こうして、資産処分後の現金評価額－負債額＝余剰額となりますので、これがプラスなら法人税控除後の分は解散で株主に還元される額であり、マイナスなら金融機関に対する経営者の保証責任を果たすことになり、その分は個人資産が減少することになります。この結果をみて、事業の継続について検討をし、資産超過のうちに自主廃業するのも一つの選択です。

8 技術的なアドバイスを受けたい

　製造業では、生産性の向上、加工精度のアップ、コストの削減に努めていて、そのためには常に新しい技術やノウハウを求めていかなければなりませんが、その技術的な問題に悩んでいます。技術系は金融機関での直接支援・アドバイスは不可能なので、提携外部機関、公的機関、商工団体の機能等の活用を提案します。

■1 中小企業支援センターの技術専門家の相談窓口の利用あるいは専門家派遣の活用
■2 商工会議所等のOB人材マッチング事業により、技術開発や生産管理のベテランの活用
■3 産学官連携窓口の紹介（大学や研究機関等で生み出された技術やノウハウを民間企業での産業化へ結びつける）
■4 自行と提携している技術評価・技術指導コンサルタントの紹介

9 アンケートで商品開発をサポートする

　たとえば、自店取引先の靴下メーカーは定番商品に限界がきており、魅力がないことが課題となっていることから、新商品の開発を進めています。ここで金融機関として最も簡単に支援できる方法というのは、開発した新商品をメーカーに提供してもらい、自行の職員やその家族・友人等の幅広い世代に試着をお願いして、商品に対するアンケートを実施することです。アンケートの結果が的確といえるかどうかは不明ですが、企業はコストをかけずにユーザーの生の声を聞くことができます。その他、ケースによっては、東京商工会議所の"売れるメニューブックのつくり方、成功事例と実物のビフォー＆アフター"が活用できる場合もありますので情報提供を行います。

Chapter 10

資金の種類と
そのチェックポイント

重要ポイント

1. 資金ニーズのなかには運転資金、設備資金、肩代り資金等があり、運転資金では前向き資金と後ろ向き資金とがありますので、資金の性格と必要性について理解します。

2. 経常運転資金は、経常的に発生する資金で、売上債権＋棚卸資産と買入債務とのギャップによりますが、長期借入金の返済不足資金や赤字運転資金との混同に注意します。

3. 増加運転資金は、売上増加に伴う売上債権、棚卸資産等の増加により発生しますが、売上債権の滞留、貸倒債権の発生、回収条件の変化、不良在庫の発生等の後ろ向き資金と誤認しないよう注意します。

4. 工事代金引当つなぎ資金は、当該工事代金を回収して返済に充当するのですが、赤字等で資金繰りが悪化していると、工事代金が赤字補てんに流用されて全額返済は困難となります。

5. 決算資金は、決算に伴い発生する納税・配当金・役員賞与の支払資金で、業績良好な企業に発生する習慣的資金で返済リスクはきわめて低くなります。

6. 従業員賞与資金は、支給率・額が高い業績良好な企業では習慣的に発生する資金で、返済リスクは比較的低くなります。

7. 季節資金とは、定番商品と異なり、季節商品をシーズンの2～3カ月前に仕入手当するのに必要な資金ですが、需要予測を間違えると返済にも支障が生じます。

8. 在庫積増資金は、商品・資材高騰による仕入原価上昇対策や売れ筋商品等の確保の目的で発生しますが、売れ残り在庫の発生、高騰から一転して下落することはないかに注意を要します。

9. 他行の肩代り資金は、企業の肩代りをする理由をよく検証しないと、メイン行の貸し剥がしが理由だったというようなことを見落とします。

10. 設備資金は、生産や販売増加に直結する生産型設備資金と間接的に影響を与える非生産型設備資金がありますが、生産型資金の返済は売上増加による利益が原資であり、非生産型資金では現状の利益が返済原資となります。

資金ニーズといっても、運転資金、設備資金、肩代り資金等があります。また、運転資金のなかにも前向きな資金と後ろ向き資金とがありますので、まずは資金の性格と必要性について理解をしておく必要があります。よく理解することによりヒアリングの段階で前向きな資金ニーズが予測できれば、こちらから積極的に融資売込みをすることができますし、後ろ向き資金ニーズが予測されるなら、慎重に対応していくことになります。たとえば、相手から売上げが増加したという話があったので、増加運転資金の発生を予測し積極的にアプローチしたところ、相手も「2,000万円ほど借りようか」となり、決算書の提出を受けました。しかし、資金の必要性の主因は売上債権の長期化による後ろ向き資金で、売上確保から信用度の低い取引先に押し込み販売した結果だったり、売上債権の滞留が原因だったりといったようなことも起こりえます。資金ニーズ発掘といいますが、"なぜ、おカネが必要なのか"という原点に立ってみるトレーニングが不可欠です。以下では、主要な資金ニーズの性格およびチェックポイントについて解説をします。

1 経常運転資金

　経常的に発生する運転資金で、売上債権＋棚卸資産と買入債務とのギャップによるものです。よほど収益力が強くない限り、資金量は恒常的に一定の水準が必要になるのが普通です。

> 経常運転資金所要額＝売上債権〔受取手形＋売掛金＋割引手形〕＋棚卸資産－買入債務〔支払手形＋買掛金〕（裏書譲渡手形を売上債権に含める場合もある）

	27期	28期		27期	28期
現預金	32	35	支払手形	23	27
受取手形	15	22	買掛金	35	39
売掛金	48	66	その他流動負債	32	42
棚卸資産	11	12	固定負債	71	68
その他流動資産	8	6	株主資本等	40	46
固定資産	87	81			
合計	201	222	合計	201	222
割引手形残高	31	36	月商	50	55

図表から各期の経常運転資金を計算すると、

・27期経常運転資金＝15＋48＋31＋11－23－35＝47

・28期経常運転資金＝22＋66＋36＋12－27－39＝70

・対前期比経常運転資金増加額＝70－47＝23

　なお、経常運転資金と誤認しやすい運転資金があり、これらは明らかに経常運転資金とは性格が違うものであり混同しないように注意が必要です。なぜ、このような注意が必要かというと、資金の性格と返済能力との関係が問題だからです。誤認しやすいケースとしては、

❶長期借入金の年間約定弁済額にキャッシュフロー（一般的には当期純利益＋減価償却費）が不足するケース、あるいは長短借入れのミスマッチからキャッシュフローを超える約定弁済が起きてしまうケースです。不足額が僅少であるとか一時的であるなら、現預金取崩し等でカバーできます。しかし、不足額が大きいとか、僅少だが継続的に不足となれば運転資金、つまり実質は「約定弁済不足資金」の借換資金が発生することになります。借換資金が発生しても、継続的な利益が見込まれ、徐々に返済が進むならば、そうネガティブに考えなくともよいでしょう。

❷実質赤字に陥れば、少なくともその分、経常利益キャッシュフローが減少し運転資金に不足が生じるケースです。赤字補てん資金では、赤字の原因によって今後の返済能力に支障をきたすという大きな問題が残ります。

❸取引先の倒産等により売上債権（受取手形・売掛金）が回収不能になり、

資金がショートするケースです。この場合の問題点は、一つは金銭的ダメージであり、もう一つは従来の販売先を失うことによる売上げ・収益への長期的ダメージです。落込みを新たな販売先の開拓や既存販売先でカバーできるかどうかが重要なポイントです。

4 自己資金でいったん設備投資をしたものの、その後に運転資金にシワ寄せが及び、資金不足が生じるケースです。本来、設備資金として調達していればこのような事態は発生しませんが、資金繰りがルーズであったり、設備購入に緊急性があったりすると、とりあえず手許現預金で賄ってしまうということが起こります。このような場合は、運転資金ではなく、設備資金として取り扱うべきです。ただ、設備購入時期と資金不足とのタイムラグの問題があるので、適宜、実態に即して判断することになります。

2 増加運転資金

増加運転資金の発生要因としては、次のようなケースが該当します。内容的には前向きな資金と、どちらかというと後ろ向き的な資金が混在しています。

1 売上増加に伴い発生する資金で、売上債権、棚卸資産、先行費用（広告宣伝費）等の増加によるケース

2 回収条件、支払条件等の取引条件や棚卸資産の変化によるケース

3 売上増加と取引条件の変化や棚卸資産の変化が複合するケース

前掲の図表で売上増加要因、取引条件変更要因、棚卸資産変化要因等による増加運転資金を計算してみます。

	27期	28期		27期	28期
受取手形回転期間	0.92	1.05	支払手形回転期間	0.46	0.49
売掛金回転期間	0.96	1.20	買掛金回転期間	0.70	0.71
棚卸資産回転期間	0.22	0.22			
回転期間計（A）	2.10	2.47	回転期間計（B）	1.16	1.20

注：①回転期間（カ月）＝各項目÷月商
　　②受取手形には割引手形を含む。

- 27期収支ズレ（A－B）　　　＝2.10－1.16＝0.94
- 28期収支ズレ（A－B）　　　＝2.47－1.20＝1.27
- 27期・28期収支ズレ変化　　＝1.27－0.94＝0.33
- 売上増加による運転資金　　＝ 5（月商増加）×0.94（27期収支ズレ）≒5
- 取引条件変更による運転資金＝55（月商）×0.33（収支ズレ増）≒18
- 棚卸資産変化による運転資金＝0.22－0.22＝ 0　……変化なし

　年商6,000（月商500）万円の増加による経常運転資金の増加額は500万円にしかすぎず、1,800万円は取引条件変化に起因します。

　なお、増加運転資金と誤認しやすいケースとしては、①売上債権の滞留あるいは貸倒債権の発生、②売上増を伴わない取引条件の変化、③信用不安による買入債務の支払短期化・現金取引増加、④不良在庫の発生等の場合で、後ろ向き資金と考えられるので注意を要します。

3 工事代金引当つなぎ資金

　建設業等の工事業者において必要とされる資金で、公共工事の受注においては特に発生しやすいです。一般的に受注工事代金は手付時点・中間時点・完了後という三段階の回収条件です。一方、人件費等工事原価の支払は回収に先行しますので、支払と回収にタイムラグが生じ、そのために運転資金に不足が生じます。経常運転資金の一種ですが、個別の受注案件ごとに生ずる

工事代金回収までのつなぎ資金で、返済原資は工事代金引当であり、かつ返済期限も特定されます。

この資金の問題点は、"工事代金回収までのつなぎ資金"ということから、工事発注先の信用状態に問題なければ代金回収に懸念なく、期限に必ず返済できるものとみてしまいやすいことです。赤字に陥っているとか、返済キャッシュフローに不足をきたしているような状態では、回収工事代金はそれら不足運転資金を補てんしなければならないので、全額がつなぎ資金の返済に充当できるとは限りません。

4 決算資金

決算に伴い発生する納税（中間納税）・配当金・役員賞与の支払資金です。支払額が大きい場合には、資金繰り上、短期借入金で調達をすることがあります。

決算資金は業績良好な企業ほど発生する習慣的資金であり、しかも融資期間6ヵ月で分割返済が原則なので、返済リスクはきわめて低くなります。ヒアリングで決算資金の兆候がつかめたら、積極的に融資セールスをしたいところです。

所要資金額の計算

売上高	1,000
税引前純利益	80
法人税等	32
当期純利益	48

現預金	62	流動負債	263
流動資産	224	（未払法人税等	21）
固定資産	266	（役員賞与引当金	5）
		固定負債	161
		株主資本	128

株主資本変動計算書の剰余金配当金
4

- 所要資金額＝未払法人税等21＋役員賞与5＋株主配当金4＝30
- 納税額については、損益計算書の法人税等32ではなく、未払法人税21であることに注意（中間納税で11は納付ずみで、その差額の21が未払法人税等となる）

5 従業員賞与（ボーナス）資金

　不況期にはボーナスも大幅にダウンし、自己資金で間に合わせることが多くなります。しかし、少額なボーナスでも資金ニーズがあるとすると、資金繰りが厳しい可能性もあるので安易に扱ってはなりません。
　一般的には、ボーナスの支給率（給与の◯カ月分）が高ければ、業績が良好な企業と考えられるので、この場合にはヒアリングでボーナス情報をつかみ、決算資金と同様に、積極的に融資セールスをしたいところです。支給率が高いというほかに、従業員賞与を再開した、アップする、中途採用等の人員増加という要因も、企業業績が回復基調あるいは伸長していると考えられるので、前向きな姿勢で取り組んでいきましょう。賞与資金は半年ごとに発生する習慣的資金で、融資期間6カ月の分割返済が原則で、リスクは比較的低くなります。
　チェックポイントは支給率と妥当性、1人当り平均支給額と世間相場、あるいは前年比どうか等です。

6 季節資金

　季節資金とは、定番商品と異なり季節商品（夏・冬物等）はシーズン前にしか問屋等に在庫がありませんので、シーズンの2～3カ月前に仕入手当するのに必要な資金です。そして、シーズン期間中に売上金で返済されます。
　チェックポイントは、①需要予測に基づく仕入量は適切か、②在庫量は例年比適切か、③借入時期と返済時期は妥当か、④返済方法は一括ではなく売上回収に応じた分割返済か、⑤確実に売り上げるか、⑥売上回収方法や回収期間はどうか等です。
　季節資金というと習慣的な資金で、シーズンごとに発生・返済の繰返しで安易に取り扱いがちですが、シーズン中に売り切らなければ不良在庫として

滞貨し、季節資金返済にも支障が生じます。こうしたことがたびたび発生すると、季節資金は雪ダルマ式にふくれていきますので注意が必要です。

7 在庫積増資金

　在庫積増資金は、経常的な在庫以上に、商品・資材高騰による仕入原価上昇対策（低価格時に在庫積増等）や売れ筋商品を確保する目的で発生します。業績にはプラス要因になると考えられますので、原則、前向きな対応が好ましいですが、次の点をチェックしておいたほうがよいでしょう。ポイントは、①過剰在庫となり売れ残りや未使用在庫が発生しないか、②商品の陳腐化・原材料に変革が起きないか、③借入金利負担に見合う積増しの優位性はあるか、④高騰から一転して下落することはないか、⑤積増しの期間は一時的か継続的か、等です。

　うっかりしていると、在庫滞貨や不良在庫発生による資金増加を在庫積増資金と勘違いしてしまうので、在庫内容や理由をよく確認することが大事です。

8 他行の肩代り資金

　この資金は他行借入金のすべてが対象であり、運転・設備資金を問いません。設備資金では個々の資金の相対の肩代りが行われますが、運転資金では個々というより全体の一部の肩代り、つまり、新規資金で他行の資金を返済するという方法がとられます。

(1) 企業が他行に肩代りを望む理由

1 取引金融機関に対する不満がある（金利・担保・保証・返済条件、人、行動、融資対応、企業の目利き力等）

②金利重視(とにかく金利が低いことを望んでいる)
③経営課題・経営ニーズに対する提案・アドバイス・情報提供がない
④複数行による競争原理を働かせたい
⑤メイン行の貸し渋り・貸し剥がし
⑥毎月返済を低くしたい
等です。

(2) 取扱いにあたって留意する点

①融資判断の基本である企業力の良否と返済能力の的確な判断
②取引金融機関のその企業への融資姿勢がどうであるか
③金利重視のあまり理不尽な低金利を求めてきたり、金利に釣られて取引金融機関を替えたりするような経営者では、安定的な取引が期待できないので、経営者の人間性や資質がどうか
等です。

9 設備資金

(1) 生産型と非生産型

　設備資金においては、設備投資の目的、あるいは理由、設備の内容、設備投資効果等から投下資金の妥当性や資金投下効率の高低についてチェック、確認をします。設備には、生産や販売増加に直結する生産型設備投資と間接的に影響を与える非生産型設備投資があります。

　生産型設備とは、増設設備、合理化・省力化更新設備、新事業設備、出店設備、店舗拡大設備等であり、非生産型設備とは、環境対策設備、福利厚生施設、営業情報・経理等勘定系システム投資、具現化しない研究開発投資等です。生産型・非生産型設備資金の大きな相違は返済能力の点にあり、生産型資金の返済では、売上増加により生み出されるキャッシュフローが原資と

なりますので、設備投資による生産・販売計画や利益計画の今後の見込みが特に重要となります。一方、非生産型資金では現状のキャッシュフローが返済原資となりますので、返済する余力があるか、現在の事業活動で継続的にキャッシュフローの確保ができるかがカギです。

(2) 設備資金の取扱上の確認ポイント

❶ 所要資金総額の掌握で、設備購入費だけではなく、付随費用（既存設備廃棄・移転費用、新設オープン費）や増加運転資金の必要性にも目を向けます。

❷ 業績不振企業では、設備資金の名目で運転資金を調達しようとすることが起こりえますので、具体的に設備内容を十分に確認します。内容は、購入先・発注先、数量・単価、用途、設備型式、機能・能力、行政等の許認可事項等であり、その確認手段は、見積書（○○一式ではなく明細で徴求する）、工事契約書の写し、設備のカタログ・性能書・価格表（設備の現物がみられればよりベター）、許可書等によります。

❸ 購入および支払方法、支払条件、支払時期。

❹ 資金調達計画の吟味で、自己資金と借入金の割合および自己資金については手許資金か、資産売却による捻出資金か等の原資を確認します。

❺ 設備投資内容によっては、計画遂行に要する人的資源の確保の問題がありますので、従業員の雇用対策、技能者の採用見込み等についてもチェックをします。

Chapter 11

資金ニーズ発掘の効果的アプローチとトーク事例

重要ポイント

1. 資金ニーズ発掘は、漫然と資金予定を聞くのではなく、相手との会話のなかからキャッチするとか、資金ニーズを発掘するためのヒアリングで仕掛けていきます。

2. 製造業の場合は、外注費の製造原価に占める割合を聞き出し、長期的にみたときに内製化するメリットはないか、それに要する設備・運転資金の見込みを打診します。

3. 修繕費が多いのは、多数ある生産設備の修繕や設備の耐用年数が間近くなり修繕費が嵩むこと等が予想され、新規設備資金や更新設備資金の可能性があります。

4. 主要な設備とその使用年数および耐用年数をヒアリングし、老朽化設備の更新に対する考え方を確認し設備資金にアプローチします。

5. 原材料費が値上がりすると、価格上昇分だけ増加運転資金、価格が安いうちに在庫積増資金、価格引下げを図る支払条件良化資金、利益減少による不足資金等が見込まれます。

6. 経営者からの借入金があるとか、役員報酬の未払金があるというのは、企業の社会的信用イメージの問題や相続財産であるのに返済されないと相続税資金不足の危険性もあり、金融機関借入金への切替えを提案します。

7. 新商品の売行きが好調ということは、増加運転資金に限らず、増車、商品倉庫拡張、生産ライン増設、設備更新といった設備資金にも目を向けてアプローチします。

8. 長期金利の動向に関心を示すのは、変動を固定金利にシフトしたい、新規借入予定がある、変動・固定金利の選択に悩んでいる等が考えられ、魅力ある条件提示でアプローチします。

9. 売上債権回転期間が長くなってきているのは、好ましいことではありませんが、販売先の信用状態に不安がないのであれば、経常運転資金の増加ととらえて前向きにアプローチします。

10. 設備資金の調達を長期支払手形で調達している場合には、金融機関借入金へのシフトを提案します。

11. 取引金融機関との取引条件に不満を口にするのは、金融機関側に問題があるとは限らず、企業側に信用状態等の問題が潜んでいることもあるので、よく見極めてアプローチします。

企業にアプローチしてみたものの、ただ漫然と「何か資金需要の予定はありませんか」と質問してみても、「特に予定はないね」「借りたら返すのが大変だから」「取引金融機関で間に合っているから」などと拒絶されてしまいます。そこで、相手との会話のなかでアンテナを高く張って、資金ニーズを想定しアプローチしていくことで資金ニーズを発掘します。また、渉外担当者から質問を投げかけ、意図的にニーズを引っ張りだす努力も必要です。

1　製造原価に占める外注費の割合が増加している

　製造原価は材料費・労務費・経費・外注費の四つで構成されていますが、外注費比率が増加するのは、既存の受注の増加によりますが、ほかに新事業・分野の進出に伴い新たな外注費が発生することもあります。外注は自社で過剰設備や人員を抱え込まない利点がある半面、外注先に依頼しているだけでは、自社の技術的ノウハウが蓄積されないという問題もあります。外注費が上昇したときにかなりのダメージを受けますので、製造業の場合は、外注費の製造原価に占める割合を聞き出し、長期的にみたときに内製化するメリットはないか、それに要する設備・運転資金の見込みを打診します。また、外注先そのものをM&Aで買収してしまうことも考えられますので、M&Aの提案や対象外注先の斡旋等を行い、それとワンセットで買収資金をセールスします。

▼ アプローチトーク事例

Talk 1　御社の原価率はおおむね何％程度でしょうか。

Talk 2　製造工程はすべて内製化されているのですか、それとも外注先に依頼している工程もあるのですか。

Talk 3　外注先に依頼している部分は製造原価の何割程度を占めるのですか。

Talk 4　外注ウェイトが高いようですが、外注先に品質や納期を徹底させるための管理負担や外注コストを考えると、内製化したほうが有利ではな

Talk 5　いのですか、それとも、内製化が困難な工程なのですか。
内製化が困難なら場合によっては外注先の買収（M&A）を検討してみたらいかがですか。当金融機関でもそうしたマッチングサービスや買収アドバイスもしておりますのでご利用ください。

2　販売費・一般管理費の修繕費が多い

　修繕費は、建物・機械等の小規模の改修・修理費用であり、修繕費が多いということは、①生産設備が多数あり定期的な修繕が行われている、②設備の耐用年数が間近くなり修繕費が嵩む、③車両等の運搬具が多いといったことが考えられます。車両等の動産設備が多い企業では買替需要も発生するので、動産設備をどのくらい所有し、その耐用年数がどのくらいなのか、いつ更新時期を迎えるのか等をヒアリングします。

　不動産設備については、建替え、あるいは大幅な改修を計画しているかどうか、時期はいつ頃かを打診します。また、適当な場所があれば移転も計画しているといった情報に接することもあるので、この場合は、ビジネス・マッチングとして用地の紹介を行い、自行への融資に結びつける絶好のチャンスが生まれます。さらに、修繕費が多い場合には、生産方法や運搬方法の見直し、維持費や修繕費がよりかからない新たな仕組みに切り替えることを目的とした設備投資が行われることもありますので、そういう観点でのヒアリングも心がけておかなければなりません。提案・アドバイスについては、公的機関の機能や金融機関の提携している専門家等を活用することになります。

▼アプローチトーク事例

Talk 1　お聞きした熱処理圧延装置は御社の中枢的設備とのことですが、こうした装置はいつ、どのようなサイクルでメンテナンスなさるのです

Talk 2 　一定の使用期間を超えると修繕費が多くなると思うのですが、現状ではいかがですか。

Talk 3 　今のお話からすると、2～3年後には検討の時期が来るということですね。ただ、技術革新や省エネ、エコ対策という面から早めに設備更新をして、生産の仕組みを変えることでコスト削減や企業イメージアップ等に結びつけることはいかがでしょうか。

3 工場の機械・設備が老朽化している

　機械設備や工場等への設備投資は、金額も多額になるうえ、投下資本の回収には確実な売上げ・利益見通しが前提となるだけに、現状設備に不自由を感じながらもメンテナンスで何とか乗り切っている場合も多いものです。そこで、設備資金の需資見込みにアプローチするために、主要な設備にはどのようなものがあるか、その使用年数はどのくらいか、かつ耐用年数からしていつ頃まで使えるのか等につき相手に話をふり、設備更新についてどのような考えなのか聞いてみます。また、設備更新をした場合に、生産性の向上、加工精度の改善による不良品率の減少、ランニングコストの削減等にどのような効果が期待できるのかも確認しておきたいところです。

　設備更新は老朽化によるだけではなく、技術革新、使用原材料の変化、生産工程・方法の見直し等によっても必要になるので、多方面から設備の現状や更新の必要性・効果についてヒアリングすることが望ましいといえます。さらに設備が稼働している現場の見学をお願いして案内してもらうとか、経営者の応諾を得て単独で現場を見学し、設備の稼働状況、生産工程、老朽化状況、技術の高度性等につき従業員に聞いたりすれば、より実態がつかめます。

▼ **アプローチトーク事例**

> Talk 1　工場の前を通りましたら、工作機械が相当な台数並んでいるのがみえましたが、何台設置してあるのですか。いくつか種類があるようですが、1台おいくらぐらいの機械ですか。
>
> Talk 2　結構な金額ですね。こうした機械は何年程度使用できるものですか。
>
> Talk 3　そうすると平均して2年程度に1台の割合で更新する計算になりますが、今年度のご計画はいかがですか。
>
> Talk 4　また更新のつど、新しい機械は、旧機械とは性能、オペレーティング等で異なると思いますが、従業員の技術習得といった点でご苦労はないですか。

4　原材料費が値上がりしてきている

　原材料費が上がってくると、その分運転資金に影響を与えるのでさまざまな資金ニーズが発生します。これからの時代は新興国の経済発展による需要増加、一方では資源の減少・囲い込み、地球温暖化への対応、投機的資金の流入等により原材料価格の上昇傾向は一時的な現象にとどまることなく、長期的なトレンドになると考えられます。しかし原材料が上昇したからといって、スライドして販売価格に転嫁することはなかなかむずかしい状況です。結果、次のような資金需要が考えられます。①当面は原材料価格が上昇した分だけ資金需要がふえる、②販売価格に転嫁できなければ企業収益に跳ね返り、それに伴い約定弁済不足資金や赤字資金といった運転資金が必要になる、③原材料価格の上昇を抑制する対策としては、原材料価格が安いうちに在庫を積み増す、④支払条件を短縮化することで仕入価格の引下げを図るなどですが、いずれにせよ資金手当が必要となります。

　ヒアリングでは、①まず原材料価格は上昇傾向か安定しているのかどうか、②上昇傾向では販売価格にどの程度転嫁できるのか、③十分に転嫁でき

ないとすれば収益への影響はどうか、④上昇に対しどういった対策を考えているかといったことから、どのような資金需資が発生するのかをキャッチします。

▼ **アプローチトーク事例**

Talk 1	原材料が上昇してお困りとのお話ですが、資金繰りにはどのような影響が出ていますか。
Talk 2	原材料価格を抑制する方法として、安いうちに在庫を積み増すことは効果がありますか。
Talk 3	仕入先への支払条件を短くする、たとえば手形ではなく現金支払に切り替えるといった方法で仕入価格の引下げは可能でしょうか。
Talk 4	なかなか販売価格に転嫁できないとなると、収益にも影響すると思いますが、今の返済条件だと資金繰りに困るようなことにはならないですか。

5 経営者からの借入金がある

　中小企業の場合、経営者が自分の資産のなかから現金を企業に貸し付けているケースをみかけます。経営者からの借入れは金融機関借入金と異なり、厳格に返済を求められたりするものではありません。むしろ返さなくてよい借入金で、借入利息も無利子が可能なのでそのままになってしまうケースが多いのです。しかし、多額の役員借入金にはいろいろな問題もあります。企業の規模によっては、こうした役員借入金があることは、企業の社会的信用イメージの点から必ずしもプラスにはなりません。また、経営者が高齢などの場合には相続が発生すると、役員の貸付金は全額相続財産となりますが返済される可能性が低く、相続した者にとっては価値の低い財産になります。そればかりか、企業から返済を受けることができないとなると、相続税の納

税資金不足に陥る危険性もあります。ヒアリングの段階で、経営者からの借入金の有無を聞き出し、役員借入金の問題点を説明し、金融機関からの借入金への切替えを提案します。

▼ アプローチトーク事例

Talk 1　いろいろな企業の経営者の方の話をうかがっていますと、資金繰りの一環として経営者の方が企業へ資金を融通しているケースもあるようですが、御社ではその点はいかがですか。
Talk 2　確かに金利はかからないし、返済期限といったものもないので楽かもしれませんが、実は○○○といったような問題も生じる可能性がありますので、金融機関融資への切替えを検討してみたらいかがでしょうか。一度、税理士さんにもご相談してみてください。
Talk 3　個人資金は緊急時の備えとして、なるべく残しておくことも必要ではないでしょうか。

6　役員報酬（賞与）が未払い

　これは報酬（賞与）を受け取らずに、未払金勘定として企業にその資金を留保することで、資金調達をしているケースです。赤字で役員報酬の支払がままならないのでは論外ですが、黒字であっても資金繰り上、短期的な未払が起こりえます。しかし、同族会社では法人・個人が一体であることから、支払を求められたりすることはないし、借入金のように金利がかかるわけではないので、そのまま未払として残ってしまう場合があります。同族とはいえ、法人と個人の資金は区分してきちんと管理することが望ましいし、"経営者からの借入金"と同様な問題もあるので、金融機関からの借入れで清算することを勧めます。

▼ アプローチトーク事例

Talk 1　御社のしっかりとした業況からすると、きっと役員報酬は相当になるのでしょうね。でもそれは、経営者の力量の表れですし、経営リスクも負うわけですから当然だと思います。

Talk 2　御社では報酬支払のための資金は不要でしょうが、資金繰り上で必要が生ずることがあれば、当行の資金をご利用ください。

7　新商品の売行きが好調だ

　新商品が売行き好調ということは、仕入れ→（製造）→販売→販売代金回収→仕入増加→（生産量増加）→販売増加というサイクルをたどれば経常運転資金もその分必要となり、つまり増加運転資金が発生します。さらに、製商品の運送コストや人件費も増加しますし、また戦略的に回収サイトを長くして販売強化を図るといったケースも珍しくなく、資金はより必要になります。こうした増加運転資金のほかにも、搬送車の増車、商品倉庫の拡張、生産ラインの増設、機械設備の更新といった設備資金ニーズに発展する場合もあります。したがって、運転資金だけではなく、設備資金にも目を向けてアプローチしなければなりません。なお、新商品にかかる経常運転資金量は、以下の項目につきヒアリングすればアバウトにはつかめます。

新商品の月商	20		
受取手形回転期間	3.2	支払手形回転期間	3.0
売掛金回転期間	1.0	買掛金回転期間	0.5
棚卸資産回転期間	0.8		
回転期間計	5.0	回転期間計	3.5

注：回転期間（カ月）＝各項目÷月商

・増加運転資金量＝月商20×収支ズレ1.5カ月（5.0カ月－3.5カ月）＝30

▼ **アプローチトーク事例**

Talk 1	新商品の売行きが好調とのことで、開発努力が実りましたね。月商ベースではいかほどふえたのですか。
Talk 2	売上債権や買入債務の回転期間は何カ月程度でしょうか。在庫は何カ月の用意が必要ですか。
Talk 3	売上増加に伴い人件費や運送費等の諸経費の支出はどの程度ふえるのですか、それともほとんど変わらないのですか。
Talk 4	売行き好調が続くと、増産設備や商品倉庫の拡張等といったことも必要になるのではないでしょうか。

8 長期金利がだいぶ低い水準だが、今後の金利動向は？

　このような質問を投げかけてくるということは、金利が上昇したときに備えて、低い水準のうちに長期資金を調達しておきたいという目的があるのは確かです。その備えは、既存の変動金利借入れを固定金利にシフトしていくとか、あるいは新規の借入予定があり、変動・固定金利の選択に悩んでいるとかが考えられます。たとえば、既存の変動金利を固定金利にシフトしていくようなニーズがあるならば、肩代り資金のアプローチができますし、また、新規借入れを予定しているなら、資金使途等を確認したうえで、取引金融機関より有利な融資条件を提示することで取引チャンスが生じます。ただし、今後の金利動向について、「必ず上昇する」といった断定的な表現や「ユーロ圏で起きている国債償還リスクからの金利上昇が、日本でも起こるリスクがあり、金利上昇するとみてもいいのではないでしょうか」と可能性を述べただけでも、相手に誤解を与えてしまい後のトラブルとなりますので、金利動向に関する言い回しには注意しなければなりません。

▼ **アプローチトーク事例**

Talk 1　今後の金利については、専門家の間でもいろいろ見方があるようですね。私も情報は見聞きしているのですが、これだけは何ともいえません。

Talk 2　借入金利はどの経営者の方も関心の高い問題ですよね。先々の金利負担を抑えるには固定金利の借入れをふやしておく方法もありますが…。当行でも、長期固定金利の融資商品を戦略的にいくつかそろえておりますので、3日後にご説明におうかがいいたしますので、一度ご検討してください。

Talk 3　今後の金利動向をご心配しているようですが、近々資金調達のご予定でもあるのですか。ぜひ、当行の商品や条件を聞いていただき、メイン行と比較してみてください。複数行の競合により、御社にとっても有利な条件が引き出せるのではないでしょうか。

9 売上債権（受取手形・売掛金）回転期間がここのところ長くなってきている

回収サイトの長期化は、
1. 売掛金のなかに不良債権が発生している
2. 販売先が業績不振で資金繰りが厳しくなり手形期間が長くなっている
3. 販売先が自社の収益改善目的で手形期間を長めにしている
4. 回収期間を長くして販売促進を図っている

などが要因です。

　売上債権の長期化はあまり好ましいことではありませんが、販売先の信用状態に不安がないのであれば、経常運転資金の増加ととらえて、前向きな姿勢でアプローチをしてみます。このようなケースでは、売上債権回転期間長期化の原因、短期的な現象か長期にわたるのか、回転期間はどの販売先でどの程度（何カ月）延びたのか、買入債務の支払条件の長期化でどの程度カ

バーできるのか等についてヒアリングをします。

　売上債権回転期間が約1カ月長期化したという例でいうと、延びた主要な販売先はA社とB社で、その理由は商取引条件の変更で、受取手形回転期間が両社とも1カ月延びることとなったためで、買入債務回転期間に変化はないというような場合、月商×収支ズレ分を借入金で対応するケースと受取手形が増加することから割引で対応するケースが考えられます。

▼ **アプローチトーク事例**

Talk 1　売上債権が長くなってきているということですが、その原因はどこにあるのですか。

Talk 2　そうすると2社の回収条件が延びたのですね。それは受取手形サイトが何カ月程度延びたのでしょうか。買入債務の支払条件の変更はどうでしょうか。

Talk 3　買入債務の支払条件は変えないというと、約1カ月収支ズレが起きますね。

Talk 4　ふえた受取手形は当行で割引していただけませんか。あるいは借入金についても検討させていただきます。

10　設備資金の調達を長期支払手形でファイナンスしている

　設備資金の調達は、金融機関の借入金やリースを利用するのが一般的ですが、設備納入業者のファイナンスで調達するケースがあります。たとえば、手形支払で3年間の延払契約で36枚の手形を納入業者に振り出し、毎月決済していく方法です。こうしたケースが起こるのは、

❶購入企業側の信用状態や担保不足から金融機関が難色を示したケース
❷金融機関の借入金より納入業者のファイナンスのほうが金利等有利な場合
❸設備に対する保証やメンテナンスで納入業者の協力を得る目的で支払手形

という延払いにするケース
などです。

　金融機関が難色を示したケースは除外して、主要な設備の状況、設備した時期、設備金額を聞き、2～3年前の設備については設備資金の調達手段をヒアリングします。そこで、支払手形によるファイナンスが判明したら、金利等の条件か、納入業者の協力目的なのかを聞き、金融機関への借入金へのシフトをアプローチします。金利等の条件によるものだったとしても、経過年数の間に金利等も変わるので、ここで再検討をすることを勧めます。

▼ **アプローチトーク事例**

Talk 1　御社の射出成型機はいつ頃設備したのですか、設備金額はおいくらだったのですか。
Talk 2　失礼ですが、設備資金の調達は自己資金と金融機関借入れですか。
Talk 3　なるほど納入業者への支払手形で調達したのですね。金融機関借入れよりどんな点にメリットがあったのでしょうか、金利なら金融機関のほうが低いような感じがするのですが。
Talk 4　ご存知のように長期金利も当時と違いだいぶ低くなっていますので、固定金利で借入金へのシフトを考えてみてはいかがでしょうか。

11　取引金融機関との取引条件に不満を口にする

　金融機関、特にメイン行との取引関係はいったん形ができると、長期にわたり継続することになります。しかし、長期取引に安住してしまい金融機関の反応が鈍くなって、取引条件が金融機関に優位なままであったり、企業ニーズの汲取りが行われなかったり、経営者が交代して取引金融機関の見直しを図ったりして不満が募るということになります。面談をしていると、どこかでこうした不満の声は漏れるものであり、不満の内容を聞き出していけ

ば肩代りをどう提案したら効果的かの道筋がみえてくるものです。ただ、相手が抱いている不満を一気に根掘り葉掘り聞き出し、渉外担当者が同調したり、あおったりしてはいけません。取引条件の不満は自行にもハネ返ることなので、それよりもよい条件の提示が求められ、自分を縛ってしまうことになりかねません。

　また、取引金融機関への不満は一時の感情で思わず口走っただけの場合は、担当者の同調が過ぎると、相手も不快感をもつことがあるので注意します。そこで、経営者が不満を感じるのも仕方ない面もあるということを婉曲にほのめかす程度にしておくほうが無難です。ただ、不満が出るのは金融機関側に問題があるとは限らず、企業側に信用状態等の問題が潜んでいることもあるわけで、見極める必要があります。

▼ **アプローチトーク事例**

Talk 1　メイン行がしっかりしているので、安定した長い取引が続けられますね。

Talk 2　それでもやはり多少の不満はあるものですか。取引も長いと金融機関も安心しきってしまって、お願いばかりが多くなりますからね。

Talk 3　そんなときは、当行が資金ならびに経営ニーズに対する提案、あるいは情報提供等行いますのでぜひご利用してみてください。お取引がいただけなくても、御社のお役に立つことができれば幸いです。

Chapter 12
融資提案セールスの実践的手法

重要ポイント

1. 新規開拓では、単に取引依頼の訪問を重ねるとか、相手からの融資申出を待っていては埒が明かないので、企業の信用力を見極めて融資セールスという具体的なアクションを起こします。

2. 融資セールスの留意点としては、上司にも「貸せる企業」かどうかチェックしてもらう、新規資金ニーズは限られるので他行肩代りを推進する、セールスではある程度の融資条件の提示をする、ということです。

3. 新規開拓では当初から大口案件は稀なので、きっかけとなる小口・制度融資といった取引から始めることが大事です。

4. 取り組みやすい資金をセールスすることがポイントで、それは決算資金、従業員賞与資金、手形割引ですが、決算資金、従業員賞与資金はセールスするタイミング、割引は銘柄に留意します。

5. 他行肩代り資金を提案セールスするには、具体的な金額・期間・金利等といった条件を提示しないと効果がありません。

6. 買入債務の支払条件の良化（短縮化）資金を提案する場合の留意ポイントは、仕入原価の引下げが支払金利を上回るかどうか、恒常的資金となるので貸越専用当貸の設定や長期資金の導入をするといったことです。

7. 在庫や現預金を圧縮し借入返済に充当する一方、必要資金が柔軟に調達できるよう貸越専用当貸を提案します。

8. 少人数私募債とプロパー資金をセットにした肩代り融資の提案では、少人数私募債の仕組みやメリットを十分説明できることが大切です。

9. 全額プロパー資金を避けたい設備資金の提案では、小規模企業設備資金制度を活用します。

10. 新規開業医の開業資金は、医療コンサルタントに紹介された金融機関の提示条件をそのまま受け入れて契約をしているケースが多いので、肩代りのチャンスがあります。

新規開拓先では決算書がもらえない時点での融資提案には限界があります。かといって、取引依頼の訪問を重ねるだけでは進展は望めません。ましてや相手のほうからの融資オファーを待っていては埒が明きません。そこで、ヒアリング等により企業の信用力を見極めて、どこかの時点で具体的アクションを起こさないといけません。本章では、実践的融資セールスやインパクトある融資提案セールス手法等について解説します。

1 融資提案セールスにあたっての留意点

❶担当者は新規訪問を重ねるなかで、経営者へのヒアリングや現場見学等を通して、「貸せる（貸せそうな）企業」かどうかの感触をまずつかむことが先決です。企業ニーズ・経営課題に積極的に対応することは、融資条件以外で取引金融機関との差別化を図り、融資取引に結びつけるツールとして有効です。

❷経済が低成長の時代に、中小企業では設備投資や増加運転資金といった前向きな新規資金ニーズは限られますので、取引金融機関の融資の一部を奪取（他行肩代り）することから攻めていくのが近道となります。

❸担当者は融資提案セールスに入る前に、「貸せる企業」かどうかを上司の目でチェックしてもらいます。そうすれば及び腰ではなく、前向きにセールスができます。

❹融資提案セールスが先か、決算書類での企業力分析が先かは、ニワトリと卵の関係のようなもので、具体的な融資提案セールスが先行せざるをえません。その場合、融資条件の提示が問題となりますが、金利については何％と明確に提示しなくてもよいですが、少なくとも相手に魅力的と感じさせることが大切です。担保・保証協会の保全条件は、相手が融資取引について、「それじゃ、少し考えるか」といったあたりで、「担保・保証はメイン行と同じような基準でお願いします」ととりあえず明快に伝えておきます。後は、決算書類をもらってからの企業信用力の分析結果や両者の条

件交渉をふまえて最終的に判断します。"魅力的な金利を感じさせる"ためには、担当者の独断で判断するのではなく、支店長と事前によく相談して指示を受けておくのがよいでしょう。

5 融資提案セールスをすると、謝絶するときの心配があるので一声付け加えましょう。「これは一つの提案ですので、決算書類をいただければ直ちに検討をいたします。そのうえ支店長とよく相談をして、条件面等の詰めにおうかがいいたします」と融資の予約ととられないように言い回しに留意します。

6 新規開拓では当初から大口案件というケースは稀なので、まず、きっかけとなる融資取引を始めることが大事です。そのためには、定性・定量面から企業力をよく分析し、融資ロットや資金の性格によっては担保・保証に頼らない姿勢で臨むことも必要となります。

7 提案セールスといっても成功の可能性は実際には高くありません。それでも提案をする意義があるのは、お願い営業にはないインパクトを相手に与えること、メイン行に欠けている提案力を示せることで、経営者の心に響くからです。

2 取り組みやすい資金をセールス

(1) 決算資金と従業員賞与資金

これら資金の融資リスクは相当低いうえに、習慣性が強いので強力にセールスをすべきですが、そのセールスのタイミングを逃さないことがポイントです。

a　決算資金

決算資金の売込みは、決算月（例：3月決算）の1～2カ月前（1月、2月）のタイミングで開始します。この時期には決算見通しもほぼついているので、アプローチすれば、赤字または納税額が小さいので借入れが不要なの

か、あるいは借入れする予定なのかはわかります。決算月以降（4月、5月）のアプローチでは、メイン行が動き出していたり、企業もすでに予定していたりしてタイミングが遅すぎるので入り込む余地がありません。決算期の売込みが不調に終わっても、決算期納税額の半分を翌期の中間期に予定納税として納付（11月）することになるので、引き続き中間納税資金を売り込んでいきます。メイン行が、決算資金へのアプローチが弱いとか、企業の申込みがあってから対応するといった姿勢だと、経営者は自社への関心が薄いと感じます。新規金融機関としてはその間隙を縫って、早期アプローチで企業への関心の高さと熱意をアピールするためにタイミングが大切なのです。前期は決算資金が不要でも、翌期は必要となるかもしれませんので継続的なフォローを行います。

b　従業員賞与資金

　従業員賞与資金の売込みは、ボーナス支給月の2～3カ月前のタイミングで開始します。賞与資金を必要とする場合は、毎回恒常的に発生する可能性が非常に高いので、一度不調に終わっても、あきらめずに継続的に売込みを図っていきます。早期アプローチが必要なのは決算資金と同じです。

(2)　手形割引

　原則、手形という返済原資が確保されている点から、金融機関にとっては取組みがしやすいといえます。毎月の割引額や、手持手形の余力はあるかというような情報をヒアリングで推測してセールスをしていくほうが、単なるお願い営業よりはるかに効果的です。

　たとえば、月商（50）、現金・手形回収比率（4：6）、受取手形サイト（3カ月）という3点を聞き出します。月商50×手形回収比率60％×手形サイト3カ月＝90が手持手形のピーク残高です。毎月の手形回収額30のうち「半分程度は割引に回しているのですか」と聞いて、「いや、7割程度だね」との返答となれば、毎月割引額は21でピーク残は63（21×3カ月）となります。これで、残っている手持手形分（27）の一部でもよいから、割引の交渉をします。この場合、割引資金は余剰となりますので、いちばん望ましいのはメ

イン行の割引をその分減額してもらうことですが、経営者がメイン行に後ろめたさを感じる場合は、メイン行の当貸等の短期資金の返済に充当するよう提案します。100％割引をしている場合は、メイン行より奪取する以外にはありませんが、「1行で割引するよりも、分散して競合させたらいかがですか」とアプローチします。

割引の留意ポイントの一つは手形の銘柄が大丈夫かどうか、もう一つは新規開拓先が倒産という事態に至ると割引手形も不渡りになったり、異議申立てされたりして回収困難なケースも起こりますので、割引とはいえ企業力が不透明な場合は慎重なアプローチが求められます。

3 他行肩代り資金を単純に提案セールス

他行肩代わりといっても、設備資金の肩代りなら相対資金や当初の資金使途が明確ですが、運転資金の場合は相対資金が必ずしも明確ではないし、当初の資金使途も不明なケースが一般的です。そこで、肩代りを仕掛けるときは、まずは単純にセールスするのが現実的ですが、セールスする以上は、ある程度具体的な提案をしないと効果がありません。

▼ 応酬話法の事例

Q 社長、一度、当行の資金を使ってみてください。2,000万円ほどいかがですか。

― いや、今のところ必要がないから‥‥。

Q 調達した2,000万円は、○○金融機関の返済に回してください。来月は期末ですから、手貸の更新期日が来るものがあるでしょうから、その分を当行にシフトしていただければいいんです。

― そうはいかないよ、期日がくるものはないし、取引金融機関とも長い付き合いだし。

Q でも社長、魅力ある金利を思い切って提示しますよ。当行の戦略商品とし

> て、期間3年、期日一括返済（期日に更新し継続）、固定金利、基準金利は○○％ですが、社長のところにはより低い金利を考えます。社長のご希望をいってくだされば検討をしますが、いかがでしょうか。
>
> ― まあ、確かに低いかもしれないね。金利は低ければ低いほど助かるよ。
>
> Q そうですよね。当行で借入れする、しないに関係なく、一度、当行に条件を提示させてください。そのために申し訳ありませんが、決算書類をいただきたいのですが‥‥。
>
> ― そんな急にいわれても、また機会があったらお願いします。
>
> Q わかりました。今度、取引金融機関の担当者が来たら、"お宅の金利は高いんじゃないか、ある金融機関ではだいぶ低い金利だったぞ"といってやってください。その一言でたぶん0.2％は下がりますよ。そうなれば、お取引はいただけなくても、御社のお役に立てたことで報われます。引き続きおうかがいしますので、新規に資金が必要なときはぜひ、当行にもお声をかけてください。

セールスポイントの一つは、何はともあれ融資額を提示することと、ある程度は金利等の融資条件もあわせて提示することで、セールスに具体性をもたせることにあります。そうすると相手も提案を現実的に受け止めるようになり、結果は"NO"であっても、関心はもってくれるはずです。もう一つは、担当者が提案したことが取引金融機関に影響を与え、企業の借入金利の引下げ等の効果につながれば、その見返りとして新規取引のチャンスは目前となります。

4 買入債務の支払条件の良化（短縮化）資金を提案

買掛金や支払手形の期間を短くしたり、あるいは現金支払の比率を高めたりして、仕入先への支払条件を良化させることで、仕入原価（原材料費）の引下げを図ろうとする手段で、短縮化するための原資が必要になります。そ

の原資として借入金を提案します。融資形態としては貸越専用当貸あるいは3年程度の長期固定金利型で期日一括返済方式の融資が適当でしょう。なお、支払条件短縮化のメリットは、その企業の信用力を向上させる効果もあります。

ただし、仕入原価の引下げ率が借入金利を上回らないとコストダウンの効果がありません。

▼**提案事例**
― 年間仕入原価は3億6,000万円（月間3,000万円）
― 買入債務の平均期間を2カ月短縮する（必要資金＝3,000万円×2カ月＝6,000万円）
― 短縮化原資は借入金で調達し、金利は3％とする
― 借入金利負担に見合う仕入原価の引下げ率
・金利負担＝短縮化必要資金6,000万円×金利3％＝180万円
・金利負担に見合う原価の引下げ率＝支払金利180万円÷年間仕入原価3億6,000万円＝0.5％
・原価率の引下げ率が0.5％以上になればコスト削減効果が出ます

問題は、①仕入額に応じて短縮化資金も大きくなるので保全の確保の点、②企業が業績不振に陥り融資回収の事態になると、支払条件を元に戻すことになってしまい、仕入先に信用不安を与えてしまう危険性があることです。

5　在庫あるいは現預金圧縮資金を提案

圧縮により生み出される資金で短期借入金を削減し、借入金利の軽減を図ります。一方、短期借入金の削減に見合う貸越専用当貸の枠を設定することを提案します。当貸を機動的に利用することで、いつでも仕入資金や経費支払等必要資金が確保できるので、資金繰りのうえでは問題がありません。な

お、在庫を圧縮すれば保管・置き場所のムダがなくなるし、倉庫等を賃借している場合には賃借料の削減効果も生みます。

これは、実質的には他行の肩代り資金を提案しているのですが、単なる肩代りのお願いに辟易されているよりは、相手が関心をもってくれるだけ効果があります。

6 少人数私募債をセットした肩代り融資を提案

(1) 少人数私募債の概要

中小企業が親族や得意先など身近な少数の縁故者から直接、事業資金を募るために発行する社債（普通社債の一種）で、金融機関をまったく介しません。一定の条件を満たしていれば、官庁への届出や報告義務等がいっさいなく、社債管理会社への委託や社債券の印刷も必要ないため、取扱いはきわめて簡単です。

a 発行の要件

❶発行できる企業は、株式会社・有限会社・合資会社・合名会社等

❷発行総額は実質的には1億円未満（1億円以上発行可能だが告知義務の要件あり）

❸社債1口の最低額は発行総額の50分の1より大きいこと（1口の額面金額×49口が発行の最高限度）。たとえば、1口／100万円ならば発行上限額は4,900万円、1口30万円ならば1,470万円が上限額となり、上限額以内であれば自由に決定できます。

b 社債購入者は制限されています

❶購入員数は50人未満（つまり49人以下）

❷対象者は縁故者のみで、社長・親族、株主、社長の知人・友人、自社役員・従業員、販売先・仕入先・それら企業の社長、顧問税理士・弁護士等である。金融機関・証券会社等のプロの引受けは不可

c　担保・保証人は不要。
　d　資金使途は限定されず、運転資金・設備資金等をいっさい問いません。
　e　発行手続に必要な事項は、取締役会の発行決議と募集要項の決定。募集要項は発行総額・種類（固定・変動利付、割引債等）・期間・利率・償還方法・譲渡制限等で、取締役会で自由に決められます。
　f　発行事例をみると、発行総額は3,000～5,000万円、期間は運転資金で2～3年、設備で3～5年、固定利付債、期日一括償還方式、利息支払は年1回後払い、発行利率は預金金利より高く、金融機関借入金利よりは低いケースが多くなっています。
注：発行手続や必要書類については、「足立区・少人数私募債による資金調達のご案内」を参照してください（http://www.city.adachi.tokyo.jp/005/d03700005.html）。

(2) 発行によるメリット

❶株式発行（増資）と異なり議決権はなく、経営に関与されません。
❷購入者が縁故者であり、企業の発展に全員が協力します。
❸金融機関や取引先等に対し企業の信用力を高めます。
❹期日一括償還方式で、期日に借換えを継続すれば長期低利安定資金が確保できます。
❺社債支払利息は企業の損金扱いです。
❻社債購入者の受取利息は20％源泉分離課税で、預金より有利な運用が可能です。

(3) 少人数私募債をセットした肩代り融資の提案事例

	資金調達方法	肩代り後		肩代り前
		少人数私募債	プロパー融資	メイン行融資
法人	調達金額 利率 支払利息	2,000万円 3.0% △60万円	1,000万円 3.0% △30万円	3,000万円 3.0% △90万円
	支払利息計	△90万円		△90万円
個人	社債受取利息 源泉分離税	60万円 △12万円		
	税引き後利息	48万円		
	法人+個人計	△42万円		△90万円

注：①少人数私募債の額面は1口／50万円で40口発行。
　　②発行金利および肩代り融資金利は比較しやすいようにメイン行金利と同一とする。
　　③社債の購入は、経営者20口、社員は20人で1人当り1口。

(4) 提案説明ポイント

1 調達した資金は取引金融機関の借入金返済に充当します。

2 法人の金利負担はどちらのケースでも同じですが、支払先が金融機関へ90万円から、個人60万円・金融機関30万円に変わります。

3 法人・個人と一体化してみれば社外流出は30万円にしかすぎません。

4 社員に購入させることで、高い利息が受け取れ、会社に対するモラールアップも期待できます。

5 購入者については、この提案では社長と社員としましたが、企業あるいは社長個人にとっていちばんメリットがある方法を自由に選択します。

6 社長が全額購入する形なら、発行金利を5％にすれば、社長個人に税引後80万円の利息が入ります（100万円を役員賞与で支給したとすると、社長の年収からして所得税・住民税は20％を超えることは確実です）。

7 小規模企業設備資金をセットした設備資金を提案

(1) 小規模企業設備資金制度

　実施機関は都道府県協会（一覧表は最後尾に添付）、ただし、東京都中小企業振興公社など数センターでは実施していないので、各協会のホームページにて確認をします。

a　対象企業

❶従業員数20人以下の小規模企業者、もしくは21人（商業・サービス業の場合は6人）以上50人以下の事業者で借入残高が3億円以下、かつ直近3事業年度の経常利益の平均額が3,500万円以下

❷事業開始1年未満の創業者は商工会議所等の経営指導を、6カ月程度以前から受けていること等

b　対象設備

❶創業者が事業を行うために必要な設備

❷小規模企業者等の経営基盤を強化するために導入する設備

c　利用条件の概略（詳細は各協会のホームページで確認してください）

	設備貸付制度	設備貸与制度	
		割賦事業	リース事業
利用限度額	原則50～4,000万円	原則100～6,000万円	
金利等	無利子 設備資金額の1／2以内	年利3％以下 保証金10％以下	年利5％程度 固定資産税等含む
返済期間	原則3～7年以内 （設備の耐用年数により期間短縮される場合あり）		
担保・保証人	連帯保証人 または物的担保	連帯保証人必要 （物的担保必要な場合あり）	

d　設備資金貸付制度

　毎年、自治体の予算により枠が決定しますが、枠が少額なのと業績が良好な先が主となるので利用するのは実際上むずかしいです。

(2) 提案する理由

1 これは公的制度の一種なので、比較的審査が緩やかであり、利用しやすいといえます。企業力が弱い企業に対しては、制度資金とプロパー資金とをセットすることで金融機関のリスクの低減を図りながら、融資取引に漕ぎ着けます。

2 取引金融機関に対抗するために、インパクトある提案として活用ができます。

3 金融機関が融資意向であれば、制度資金の審査も通る可能性は高くなります。

4 リースと借入れで形態が違うので、条件の有利・不利は一概に比較はできません。

(3) 提案事例

　1,000万円の機械設備を予定している企業に対し、設備貸与制度のリース事業で500万円、金融機関のプロパー資金で500万円のセット資金を提案します。この割合については自由に設定ができますので、自金融機関のスタンスで提案すればよいでしょう。

8　新規開業医（一人医師医療法人）の設備資金の肩代りを提案

(1) 開業医

　自店のテリトリーで開業する医者は、ほとんどテリトリー外から入ってきますので、当初の開業資金にアプローチすることはなかなか困難であろう

え、開業の予告案内を目にする頃には、もう設備資金は他金融機関で調達がすんでしまっています。それは、医者が開業するにあたっては、通常、医療コンサルタントに開業場所、マーケット調査、施設や医療機器の手配、資金調達金融機関の斡旋等を任せてしまうからです。そこで、新規開業医へのアプローチを諦めてしまうケースが多くなります。しかし、医者は開業資金の調達において未経験で無知なだけに、医療コンサルタントに紹介された金融機関の提示した条件をそのまま受け入れて契約をしていると考えられます。そこに肩代りを強力に進めるチャンスがあります。肩代り対象資金としては、開業設備資金（運転資金は自己資金で賄うこともある）と医院と自宅が一緒の場合は個人住宅ローンです。

(2) 医者へのアプローチ

開業前に医者を訪問するか、開業後に医院を訪問するかどちらかです。開業するのはどこの医者かを調査（「Chapter 3　3　医療法人の着眼点」の項を参照）して、テリトリー外でも遠隔地でない限り自宅あるいは勤務地へ訪ねることです。調査が困難だとか、遠隔地で訪ねられなければ、開業後、早い時期にアプローチをします。じっくりと借入条件を聞き出して、より魅力ある条件で一挙に肩代りすることを提案します。個人開業医の信用リスクに対する考え方としては、①開業医は自己のため一生懸命努力するので返済懸念は低い、②一般的には経営者大型保険（掛け捨てタイプで保険料は損金で落とせる）に加入しているので、死亡というような万一の事態が生じても保険金で借入金の返済が可能、③設備資金に対する保全不足は①と②の理由から許容範囲としてみます。

Chapter 13
実践的な応酬話法事例

重要ポイント

1. 訪問先で"こんなことをいわれたらどう答えるか"についての解はありませんが、渉外担当者の工夫を活かした"自分なりの受け答え"を心の中に準備して訪問することが大切です。

2. 社長に「金融機関に用はないよ！」といわれたら、社長席に向かって一歩踏み込んで名刺交換をお願いし、1〜2分の立ち話をしてきっかけツールや提案資料等を手渡します。

3. 「おたくと取引してどんなメリットがあるんだい」といわれたら、渉外担当者や自行の付加価値を高める提案や情報提供をします。

4. 「これ以上取引金融機関をふやしても面倒だ」といわれたら、新規金融機関と競い合わせて有利な提案を受けるメリットや複数行との取引で融資の安定性を図れるメリットを訴えるとか、あるいは自行への一本化を提案します。

5. たとえば、「何か悩みはないですか」と聞けば「特にない」となってしまうので、「悩むようなことはないですね」と逆説的な話法で問いかければ「いや、いろいろ悩みはあるよ」と答えが返ってくるので、そこで悩みを聞き出します。

Chapter 13 実践的な応酬話法事例

1 新規開拓先からこんなことをいわれたらどう答えるか！

"こんなことをいわれたらどう答えるか"について、"こう答える"という解答は決まっているわけではなく、担当者の工夫を活かした自分なりの受け答えを心の中に準備して訪問することが大切です。相手にいわれたことに反応できずに、オドオドしたり口ごもったり、漠然とした受け答えだったりすると、担当者自身をアピールするチャンスを失ってしまいます。そこで、"こういわれたら、こう答えよう"というパターンをいくつか用意しておくと、スムーズに反応できます。

(1) 受付した事務員が社長に取次ぎをしたが、社長に「金融機関に用はないよ！」と席に座ったままいわれてしまった

▼ 応酬話法の事例

好ましくない事例

Q あの～、今日はご挨拶だけですので、名刺だけ置いて参ります。またおうかがいいたしますのでよろしくお願いします。
― 何度来てもらっても同じだよ。

では、次に訪問しづらくなってしまいます。

Q そうおっしゃらずに何かお役に立つことはないでしょうか。
Q 資金のご予定はございませんか。
Q お困りの事がありましたらいつでもご相談ください。

と御用聞き渉外では「何かあったらこちらから声をかけるから…」と体よく謝絶されてしまい、「その節はよろしくお願いいたします」と退散することになります。

多少、好ましい事例

Q 本日は、当行の調査月報をおもちしましたので、ぜひご覧ください。
― あっそう、そこへ置いといて。

Q はい、わかりました。またおうかがいしますのでよろしくお願いします。

　調査月報では社長が興味をもつかというと効果の点ではやや不足していますが、手ぶらよりはましです。

Q 社長、貴重なお時間にお邪魔しましてすみません。御社のご評判をお聞きしておりましたので、ぜひ、社長の経営ノウハウを教えていただこうと思いましておうかがいしました。

― うちなんか経営ノウハウなんていわれても特に話すことなんかないよ、ただ汗水垂らしてがんばっているだけだから。

Q いえ、それが社長大切なんです。業績不振で悩んでいる企業にはきっと役に立つと思いますので、助けるつもりでお聞かせください。

　訪問企業の内容がある程度良好とわかっている場合には使えます。

Q 誠に勝手なお願いなのですが、御社の業界についてはまだ勉強不足なので、いろいろと教えていただこうと思いましておうかがいしました。社長！　ご迷惑でしょうが、少しお時間をください。お願いします。

　担当者の熱意ある真摯な態度や見た目の好感度によっては面談に応じてくれます。

好ましいというより、このように努力すべき事例

Q 勝手におうかがいして申し訳ございません。社長！　せめてお名刺だけでも頂戴できますでしょうか。

とお辞儀をしながら、社長席に向かって一歩踏み込んでいきます。すると相手も「くるな！」とはいいにくいので、名刺交換ができる可能性が大きくなります。名刺交換したら、最低1～2分は立ち話ができる機会を利用してツールや資料等を手渡して、次回あらためて説明におうかがいする旨を伝えて辞去します。

Q 社長に用はなくても、私に用があります。社長！　この図々しさに免じてなんとかお時間をください。

― 自分で図々しいといっていれば世話はないけど、今のところ用なしだ。

Q 実は、取引金融機関にはない魅力ある提案をおもちしましたので…。

―　魅力とは、金利が０の融資の話かい？
Q　いえ、そうではありませんが、○○・・・といったことです。お聞きいただく価値はあります。

　このように胸を張って堂々といえるような自信にあふれた態度は、小賢しい提案を振り回すより効果的でおもしろいものでしょう。生意気と思われないように、丁寧で謙虚にみえる姿勢が大切です。

Q　お忙しいところ申し訳ございませんが、本日は、当行のビジネス・マッチングの企業に登録をしていただこうと、お願いにおうかがいしました。
―　なんだかわからないけれど、面倒なことはいい。
Q　いえ、面倒なことはまったくありません。御社の優秀な技術を当行のネット網でPRいただければ、きっと受注のお役に立てると思います。少々お時間をいただけませんか？
―　あぁそうなの、せっかくだけど今日はちょっと忙しいので・・・。
Q　では、資料を置いて参りますが、来週、あらためておうかがいいたしますのでよろしくお願いいたします。

　事前に訪問企業の下調べをしておくことがポイントです。

Q　本日は、お取引の話はさておいて、"経営自己診断システム"のお話におうかがいしました。ご存知でしょうか。
―　聞いたことがないね。
Q　実は、インターネットで簡単に自社の財務力が判定できるシステムです。
―　へぇ、そんなのがあるの。
Q　はい、お時間はとりませんので、ちょっとよろしいですか。ここに、実際の見本を持参しておりますのでご覧になってください。

Q　社長、遠くからすみません。本日は、社長にも興味のある情報として、"経営力向上チェックシート"をおもちいたしました。
―　そんな面倒な話は、うちあたりの小さな会社では意味がないよ。
Q　これは、70項目をチェックするだけで自社の課題を知るには最適なツールです。この件で、5分で結構ですからお時間をください。

― なんだかよくわからないけど、置いといてよ。

Q わかりました。では、置いて参りますので、次回に感想をお聞かせください。そのときに、チェックシートと対になっている"ハンドブック"のお話もさせていただきます。

(2) 「おたくと取引してどんなメリットがあるんだい」といわれてしまった

▼ **応酬話法の事例**

好ましくない事例

Q え～、どんなメリットといわれても困ってしまいますが。
Q 地域の金融機関としていろいろとお役に立ちます。
Q 集金など一生懸命におうかがいします。
Q 取引していただければわかります。

といった反応では、いずれも具体的メリットがみえないし、労働サービスは時代遅れであってなんらアピールしません。

担当者、あるいは自行の付加価値を高める事例

Q 当行では全店あげてビジネス・マッチングに取り組んでおります。○○といったような成功事例も出ておりますので、ご利用をお勧めしようとパンフレットを持参しておりますので、少々お時間をください。

Q 社長の後継者は息子さんですか。
― そうだ。
Q 社長の息子さんならもうご心配いらないですね。
― いや、そうでもないよ。まだまだもの足りない。
Q そうですか。それは社長のご謙遜でしょうが、当行では二世の方を対象に毎月1回半年6回、半日で経営・マネジメント・マーケット・人事労務といったテーマで専門講師を招聘しセミナーを開催しておりますので、参加されたらいかがですか。料金は6万円です。だいたい20人程度参加してい

ますが、参加者との交流が貴重な財産になるとおっしゃる方も多いです。

Q 経営力向上（経営改善）のお手伝いをします（企業内容が不明な場合は無難に経営力向上といったほうがよいでしょう。不振な企業ならば経営改善を使います）。

― そんなこといわれるまでもなく、日々考えているよ。

Q それでは、御社の損益分岐点売上高はどの程度でしょうか。

― すぐ金融機関の人は理論的なことをいうね！　言葉は知っているが計算したことはない。

Q 私が方法等について支援・アドバイスさせていただきますので一緒にやりましょう。私の取引先でも大変喜ばれましたので、一度は取り組んでみる価値はあると思います。

― 急にいわれてもなんだけど。

Q メイン行はこのような提案等なさいますか。

― いや、特にないね。

Q 私どもは、融資提案だけではなく御社の経営ニーズや課題に即した提案・情報提供ができる金融機関です。

Q 社長！　"この私という人間がメリットです"というと生意気かもしれませんが、熱意と行動は誰にも負けません。

― おもしろいことをいうけど、どこの金融機関の人もみんな熱心だよ。

Q いや、私の場合は、融資提案はもちろんですが、社長の悩みや経営課題等について、少しでも解決に役立つような具体的な提案や支援に尽力します。ちなみに、何か宿題をいただけないでしょうか。

(3) 「これ以上取引金融機関をふやしても面倒だ」「ずっと1行取引だ」といわれた

▼ 応酬話法の事例

Q 社長のおっしゃることもわかりますが、今はいくつの金融機関とお取引を

されているのですか。

— 2行だ。

Q ちなみにどちらの金融機関さんですか。

— A銀行とB信金だよ。

Q 両方ともしっかりした地域の金融機関ですし、満足されているわけですね。

— そうでもないけどね。

Q とおっしゃると、何かご不満な点でもおありなのでしょうか。

— 金融機関というのは金利の引上げはすぐにいいにくるのに、引下げはこちらからいわないと動かないな！

Q ですから、新規金融機関と競い合わせて有利な提案を受けてみるのも一つの手ではないですか。今の時代、競争原理を働かせるのは当然ですから。

Q 1行取引の場合は、金融機関の融資方針がシビアに変わることもありますので、複数行との取引で融資の安定性を図れるメリットがあります。

Q 確かに4行取引というのは多いですね。どうして取引金融機関がふえたのですか。

— 3行は、その金融機関に商品を納入していた関係から融資取引の依頼を断れずにふえていったんだが‥‥。

Q 3行との商取引はまだ続いていてご縁も深いのですか。

— いや、もうそれほどではないんだが‥‥。

Q 取引金融機関が多いと何かとご不便でしょうから見直しも必要ではないでしょうか。

— それは確かにあるけども。

Q それでは、この機会に思い切って整理をして、当行への一本化を検討してみたらいかがでしょう。

— まあ、すぐにというわけにはいかないけど。

2 逆説的な話法で相手のニーズや悩みを聞き出す

▼応酬話法の事例

　　　　　　　好ましくない話法

ただ漫然と
Q 何か資金需要の予定はありませんか。

と質問してみても、特に必要はないといわれてしまうし、また、
Q 何か悩んでいることや困ったことはありませんか。
Q 何か当行でお役に立つことはありませんか。

と聞いてみても
― う〜ん、特にないね。景気が回復してくれればありがたいのだが‥‥。

と相手の返事はすげないことが多いものです。

　　　　　　　好ましい話法

Q 御社のご様子では資金繰りも順調で、お借入れの必要はないのですね。
Q お話を聞いていると、社長さんのところは悩むようなことはとくにないんじゃないですか。

と問いかけてみたらどうでしょうか。借入れの必要のない、悩みのない経営者はいないので、
― いや、そうでもないよ。これでもいろいろ資金が必要でね。
― いろいろ問題があってね。

という返事が返ってきます。そこで、どんなことが悩みなのか聞いてみれば、具体的な情報を引き出すチャンスとなります。
Q いろいろ資金が必要といいますと、設備のご予定でもしているのですか。
― ぼつぼつ車両を入れ替える時期にきている。
Q 今月はいくらか運転資金がご必要なのですか。
― そうだね、少し売上げが落ちているので。

といった反応から深掘りをしていくことができます。

> Q いろいろ問題というと、社長でも悩みがあるのですか。どんなお悩みですか。
> ― 新しい販路開拓をしなければならないのだけど、営業戦力が不十分な点がね…。

といった具体的な内容を聞き出すことができます。

3 初回訪問面談における経営者との応酬話法事例

【訪問企業のデータ】
(株)イースト印刷―代表者：東　隆一郎、印刷業、資本金2,000万円、外観：事業敷地500坪、工場・倉庫など数棟

▼ 応酬話法の事例

好ましくない応酬話法の事例

Q お忙しいところありがとうございます。この地区を回っていますが、お取引をいただいてないようなので、本日はお願いにあがりました。工場も大きくて立派な会社ですね。
― いや、たいしたことはないけど。
Q 当行とのお取引は過去一度もなかったのでしょうか。
― おたくとはご縁がなかったからね。
Q 私どもも地元行として御社のお役に立てるよう一生懸命がんばっていますので、これを機によろしくお願いします。
― 何行も取引するほど余裕がないから。
Q 印刷業界は、ITの発達によるペーパーレス化やオンデマンドの台頭、さらに不況で経費削減のなかでは、大変でしょう？
― オンデマンドは、うちとは別な領域だけど。厳しいことには変わりはない。
Q 御社の印刷は本とかパンフレット・カレンダーといったものですか。
― いや、町内の印刷屋ではないので、もっと大量かつ高度な印刷物が主力品

だよ。

Q といいますとどのようなモノですか。

― カタログ、取扱説明書、新聞・雑誌など多岐にわたるけれども。

Q 取引先はどのようなところですか

― Ｔ版印刷、〇〇タイムズ、〇〇出版、〇〇アド、〇〇商事など多数ある。

Q Ｔ版印刷というと上場企業じゃないですか、お取引があるなんてすばらしいですね。

― だけど利幅が薄くてねぇ～。

Q そういえば、創業はいつ頃ですか。

― 昨年50年を迎えたところだ。

Q それでは業歴も古いのですね、創業者はどなたですか。

― 父だ。

Q 社長はいつ代表になられたのですか。

― 25年前だよ。

Q それでは、いろいろ大変な時期もあったでしょうが、いま売上げはどの程度ですか。

― 年商12億程度だね。

Q 利益のほうはいかがですか。

― ここのところは厳しくて。

Q というと赤字ですか。

― もう、大赤字で炎上しているよ。ちょうどいいところに来てくれたから１億円貸してもらおうかな。

Q えっ、あの～、１億円ですか？　決算書をいただければ支店に帰ってよく相談してみます。メイン行はこの件についての対応はどうなんですか。

― 冗談だよ、地元行として役に立ちたいというから、試しに聞いてみただけ。

Q いやびっくりしました。印刷設備というと輪転機などですか。

― 大きなものはそうだね。

Q １台の価格はどのくらいですか。

― うちあたりの機械だと１億円程度。

Q 相当な金額になりますが、購入資金は借入れですか。

— もちろんだ！

Q 借入れはメイン行ですか。

— いや政策公庫を利用した。

Q 借入れは残っているのですか。

— 3年前の投資だからまだ残っているよ。

Q ほかに取引金融機関はどこでしょうか。

— P銀行とR信金と取引している。

Q 取引金融機関に何かご不満はありますか。

— 不満？　うんとあるよ。

Q え！　ありますか？　どんなことでしょう。

— とにかく銀行は金利が高い。0.1％程度ならいいけどな。

Q それはちょっと…。当行でも審査して業績良好な企業に対しては、優遇金利を適用する融資がありますがいかがでしょう。

— 借りても返さなくてはならないからね。

Q 今後の設備の更新予定はどうでしょうか。

— 大きな予定は当面ない。

Q ご入用なときは当行にもぜひお声をかけてください、条件面は努力しますから。

— そういえばおたくと取引するメリットはなにかあるのかい。

Q 当行ではビジネス・マッチングサービス、事業承継相談、技術支援などいろいろ機能を用意しております。何か悩み事とか経営課題とかありませんか。

— 原材料価格の上昇によるコストアップの問題とか、営業力の強化などいろいろあるよ。

Q そうですか、話は変わりますがメイン行での借入金利はどの程度でしょうか。

— たくさん借入れしているのでよくわからない。ちなみにおたくの金利は何％なの？

Q 格付や期間によりいろいろ金利がありますので、一概にはいえません。決算書をいただければ検討します。
— ちょっと参考までに聞いただけだから。
Q 本日はお忙しいところお時間をいただきましてありがとうございました。また、おうかがいしますのでよろしくお願いします。
— 何度来ていただいても無駄足を踏ませてしまうので、用があるときはこちらから連絡しますよ。
Q それではご連絡をお待ちしております。失礼いたします。

この応酬話法の問題点はどこにあるのでしょうか

1. ファーストコンタクトにおいて相手をリラックスさせるようなコミュニケーションの要素がない、また人間的側面の接点を見出す努力が不足しています。
2. 自分の浅はかな知識で業界のことを一方的に話しており、相手は「何も知らないのに」と不愉快になりかねません。
3. 会社の業況不明なときに、「赤字ですか」というようなことを簡単に口にしてはいけません。
4. 全般に定性面・定量面ともヒアリング内容が上滑りしており、これではどういう企業力なのか不明です。
5. 融資にかかる話ばかりが中心で、相手ニーズとのギャップがあり、これでは関心・興味を示してくれません。
6. 相手が試そうとして借入れの話をしたら、「早速お話をいただいてありがとうございます」とまず感謝の念を示しましょう。そして決算書を依頼する前に資金使途や借入時期等をヒアリングすれば、冗談だということがわかったはずです。
7. 取引メリットを聞かれて、漠然と相談機能を説明しても具体的内容がなければアピール効果はありません。
8. 悩みはたくさんあるといっているのだから、次の訪問につながるような宿題を掘り出すことが必要です。

❾「こちらから連絡するから」というのは体のいい断りで、「お待ち」していても永久にチャンスは巡ってきません。

好ましい応酬話法の事例

注：訪問面談における応酬話法の見本なので、初回訪問に限ったことではありません。また「貸せる（そうな）企業」の目利きを前提に融資セールス話法についても触れています。

Q 本日はお忙しいところ貴重なお時間をいただきましてありがとうございます。こちらに転勤したばかりですが、早速ご挨拶におうかがいいたしました。

— それはわざわざどうも。来てもらっても用がないからね。

Q この頃ユーロ圏の問題がなかなか収束しないので、世界的経済恐慌の雰囲気もあり心配ですね。御社への影響はいかがですか。

— 印刷業というのは内需型産業だから直接的な影響は限定的だけれども、景気全体が落ち込めば当社にもやはり影響は出てくるだろう。

Q リーマンショック以来、どうも経済がおかしいようですが、なぜこんな状態になったんでしょう。昔はどうでしたか。

— バブル崩壊まで景気の山谷はあったものの、右肩上がりの経済だったが、リーマンショック以来どうも世界経済がおかしくなったね。

Q 社長も何かとご苦労が多いのでしょうが、拝見したところバイタリティにあふれていらっしゃいますが、おいくつですか。

— もう65歳になるよ。

Q とてもお歳にはみえませんが、どうやってストレスを解消して若さを保っているのですか。

— たいしたことではないのだけど、温泉が好きでね。普段、温泉旅行は行けないので、疲れを感じたときは天然温泉の健康ランドに行き、湯上りの一杯をやるんだ。その時が癒しの時間でリラックスする。

Q わが家でも嫁・子どもも健康ランドが好きで、先日も有名な○○ランドへ行ってきました。社長もご存知ですか。

― もちろん行ったことはあるよ。
Q それじゃ知らず知らずのうちに裸の接点があったかもしれないですね。温泉つながりでよろしくお願いしますよ。
― おもしろいことをいうねぇ。
Q ところで、会社名はイーストとなっていますが由来は？
― 最初は"東印刷"という社名だったのだけど、私が社長就任したときに、会社の規模も大きくなったので、"東"を英語に変えて"イースト"としたんだ。
Q そうですか、創業はいつ頃で、創業者の方は？
― 昭和35年に父が創業して、私が25年前に後を継いだんだけど。
Q そうすると50年以上も続いている老舗ですね。創業の経緯はどのようなことですか。
― 父はT版印刷の技術者だったのだけど、技能と勤勉が認められて会社から仕事を回すからと独立を勧められたそうだ。
Q 社長はずっと会社においでになったんですか。
― 大学を出てから10年間は機械メーカーにいたが、その後、後継ぎのこともあって会社に戻った。
Q それでは、もうご経験が十分でお父様も安心してらっしゃるでしょう。
― どうだかね、今でも口ウルサイから。
Q 学生時代はどちらに。
― 東京池袋での下宿生活。
Q さぞかし勉学に励んでいたんでしょうね。
― 飲み屋街を闊歩してたよ。
Q そうですか。ご家族は？
― 息子が1人で会社にいる。娘は2人とも結婚して関西にいる。
Q お孫さんは？
― 5人。
Q 可愛いでしょうね。
― 孫は別格だ。

Q ご長男が後継ぎですから、もうご安心ですね。
― まだまだ、早く一人前になってくれないと隠居できないよ。
Q 後継者の育成に中小企業大学校がよいとのことですが。10カ月間、全日制の研修で、戦略的な経営感覚を身につけることができるということです。さらに、卒業後も参加者同士の交流が続いて商売上にも役に立っているようです。次回に詳細をお届けします。
― それじゃ頼むよ。
Q はい。事業承継に関して何か準備しておられますか。
― メイン行でもいわれたことがあるけれども、まだ先のことだから。
Q 事業承継の問題は、経営権を支配する自社株をどう引き継いでいくかということと、自社株の価値が高いと相続税の問題も生じるという点にあります。早めの対策が必要といわれますので、一度当行の無料相談を利用してください。
― 機会があればそのうちに。
Q 話は戻りますが、お話にあったＴ版印刷との取引は現在も続いているのですか。
― 継続しているよ。昔よりは売上げに占めるウェイトは減ったけどね。
Q どの程度のシェアなのですか。
― 15％程度だね。
Q その他の取引先はどのようなところで、そのシェアはどのようなのですか。
― 固定受注先としては○○タイムズ、○○出版、○○アド、○○商事あたりがそれぞれ10％程度で、その他は約50社で35％になるかな。不定期先で10％程度だろう。
Q 印刷といっても各種の技術があるようで、御社のホームページにはオフセット印刷とありましたが、特徴はどのような点ですか。
― 印刷媒体は"紙"だが、その印刷方法には凸版・凹版印刷などあるが、うちは平版印刷いわゆるオフセット印刷だ。オフセット印刷というのは、印刷部も非印刷部もまったく平らな表面にあて、印刷部はインキを受理する物質でつくり、非印刷部はインキを弾くよう親水性をもたせた版を製作し

て、それをゴムシリンダーに転写して高速回転印刷するんだ。
Q どうも科学に弱くてイメージできないので、そのうち一度工場を見学させてください。
— 現場の邪魔にならない範囲でどうぞ。
Q 紙への印刷ですが、具体的にはどんな印刷物ですか。
— 家電・携帯電話の取扱説明書、業界新聞・雑誌等の定期刊行物、書籍、商業用としてはカタログ・リーフレットなどでいろいろ。
Q それでは私たちも御社の印刷物に触れていることもあるのですね。○○会社の携帯電話を使用していますが、取扱説明書は御社の印刷ですか。
— そうだよ。
Q どうりで！　きれいで、見出しもわかりやすい印刷だと感じていました。
— ホントかい？　お世辞がうまいね。
Q 取引は固定先が中心のようですが、ライバルの脅威はないのですか。
— ないとはいえないけども。この業界は、印刷物の内容が漏れないように顧客の秘密保持の問題もあって、取引関係は継続性が強いんだ。また印刷業者を変更すると、基本的製版部分の製作に余計なコストがかかるので固定費が高くつくから、コロコロと変更するわけにはいかないんだ。かといって独占市場でもないから、価格の引下げ要求はきついので大変だけど。
Q Ｔ版印刷あたりの利益はどうですか。
— 固定費が賄える程度だけど、なんといってもコンスタントに受注があるからね。
Q 前期の売上高はどの程度ですか。
— 12億円だ。
Q 12億円というと業界のなかでは大手ですか。
— 中小企業のなかでは大きいクラスだろう。
Q 前々期と比べてどうなんですか。
— 10％程度落ち込んだね。
Q 今期はどんな様子ですか。
— いくらかよいんじゃないかな。

Q 経常利益はいかがですか。
― 何とか黒字は維持しているが。
Q というと3,000万円程度ですか。
― いやいや、そこまではとても。
Q では2,000万円程度ですか。
― そこまではチョットいかないけど。
Q 今期の見通しはどうでしょう。
― リストラを進めてきたので、収益は改善すると思う。
Q 厳しい環境のなか、利益を確保できる御社の強みはどのような点でしょうか。
― 品質が高いのは当たり前のことだが、一つは、原稿作成の時点から先方の会議に参加し、レイアウト、イメージ戦略にアイディアを出してるし、また原材料の効率使用によるコストダウンの提案をするなど企画力が強いとこかな。そのためにデザイン・技術スタッフによる企画部門を強化している。一つは、短納期に対応できる点で、急な受注や変更があっても、設備能力の点では問題ないし、従業員の勤務体系も柔軟な態勢がとれる。それと印刷サイズはＢ５・Ａ５が主流だけれども、Ａ４サイズに早くから進出したパイオニアだからね。
Q なるほど！　お取引先も安定して堅実でしょうし、順調にいらしたのですね。
― いや、そうでもないよ。父の時代には大口先の倒産で資金繰りに窮したときがあったようだ。
Q でも、それを乗り切ってきたのですから‥‥。
― そのときに、Ｐ銀行の支店長が本部と掛け合って、やっと融資の承認をとってくれたので助かったといっていたな。
Q それでは、メイン行はＰ銀行ですか。ほかに取引金融機関はどちらですか。
― メインはＰ銀行で、Ｒ信金、日本政策金融公庫とも取引がある。
Q 公庫というと設備資金の調達ですか。
― そう、長期・固定なので低金利のときは利用している。

Q 機械設備というと主なものはなんですか、また価格はどのくらいでしょうか。
— 大きな設備といえば輪転機で、価格は１ライン・１億円で、うちは２ライン導入している。その他スキャナー、平版殖版機、自動インキ調整装置などだ。

Q 各設備の更新サイクルは？
— 輪転機は10年以上の使用は可能だが、デジタル化の進捗もあるので７年程度がメド、その関連設備も同様に７年程度が更新の節目だ。

Q この１年で設備更新のご予定はいかがですか。
— 輪転機は３年前に更新したところなので、関連設備の一部が更新の必要になるかも‥‥。

Q その資金調達の際には、ぜひ、当行も参入させてください。"取引行と同じ土俵で勝負"ということで融資条件を検討しますから。
— まだ不透明な話だし、取引行をふやしても面倒になるだけだから。

Q でも、競争原理を働かせて資金コストを引き下げられればメリットもありますし、取引金融機関を絞り込んでいただければ数もふえませんから‥‥。
— そうも簡単にいかないが、ちなみにおたくの金利はどの程度？

Q 当行では○○％を基準にして期間・企業業績等によりプラス・マイナスαをしていますので、お取引先によっては、基準△１％を提示することもあります。
— あぁそう、意外と低いね。

Q そうでしょ！　メイン行は何％程度ですか。
— もう少し高いかな。

Q ですから一度、当行とお取引してみてください。
— そのうち機会があったらね。

Q 仕入れの主力原材料はどういったものですか。
— 用紙代で80％、インキで10％というところかな。

Q 仕入先は安定しているのですか？
— 大手のＮ製紙とＤインキだ。長い取引で、量・価格とも安定を重視した取

引をしている。

Q それは大事なことですね。そういえば売上げが少し回復基調にあるとのお話でしたが、増加運転資金がご入用では？

— 手形割引で間に合うから。

Q 売上金回収の手形比率は何％で、何カ月サイトですか。

— 手形回収は40％で、平均4カ月サイトだね。

Q そうですか、受取手形のうち半分程度は割引するのですか。

— そこまではいかないな。

Q （手形ピーク残1.6億円＝月商1億円×40％×4カ月で半分も割引してないということは8,000万円以上の持ち手形があるので）当行でも1,000万円程度、割引していただけませんか。割引資金は取引行の短期資金の返済にでも充ててください。

— 資金的に不便は感じてないから。

Q わかりました。話は変わりますが、この工場はいつ頃建てたのですか。

— 15年前に、以前の工場が手狭になったので、そちらを売り払ってこちらに移ったんだ。

Q 敷地は何平方メートルですか。

— 約2000平方メートルだ。

Q 工場は？

— 1000平方メートル程度。

Q 工場は15年経ちますが、ぼつぼつ増改築が必要な時期ではないですか。

— 修理や保守点検でまだ十分使用できるし、この時期では増築は考えていない。

Q 当時の土地価格は平方メートル当りどのくらいだったのですか。

— 9万円程度だったね。

Q 工場建設は1億円程度ですか。

— 事務所・倉庫・外構込みでも8,000万円程度だ。

Q いい時期に手頃な物件が手に入ってよかったですね。

— 私の友人が不動産屋だったので助かったよ。

Q お話からすると、相当な設備投資になりますので、減価償却費も大きいでしょうね。
― そうだね、前期で6,000万円だ。
Q 従業員の方は何人ですか。
― 50人でパートが10人程度だ。
Q 営業の方もいるのですか。
― もちろんだよ。固定先の受注安定化と不定期先の確保が欠かせないから、5人態勢にしている。
Q 固定先なら安心ではないのですか。
― 何事も人と人の絆が大切なので、アフターファイブ・コミュニケーションも重要な営業の仕事だよ。
Q それでは社長はゴルフもお上手になりますね。
― 宴席で失礼のないよう酒は強いほうがいいけど、ゴルフはお客様より下手なほうがいいねぇ。あまり上手すぎるとお客さんが冷めてしまって‥‥。君もお客より上手くなりすぎてはいかんよ！
Q 人生の先輩のアドバイスありがとうございます。
Q 社長は業界団体の役職に就いておられますか。
― ○○支部の支部長に就いている。
Q ご要職で何かと大変でしょう。
― そうだね、業界も一枚岩ではないから調整に苦労するよ。面倒だけど、他社の方は余裕がないようなので押し付けられてしまって。
Q 取引行では取引先の交友会にお入りになっています？
― そちらも、幹事をやらせられてね。まあ負担にはならないからいいけど。
Q ではメイン行も支店長がよくおみえになるでしょう？
― ほかに行くところがないのか、よく来るよ。
Q きっとそれは、他行攻勢を気にしているからですよ。
― そうかな。
Q ここまでいろいろとお聞きしていると、社長には悩みや問題がないようですが‥‥。

― いやそうでもないよ。景気の先行きに不安があるし、原材料の値上りによるコスト高も続くようだし…。

Q 私もたいしてお役に立つことはできないのですが、"経営力向上TOKYOプロジェクト"の情報をおもちします。経営力向上チェックリストとハンドブックから成り立っていて経営課題への対処として活用できると思います。

― 一度、みてみたいね。

Q 原材料高騰対策として支払条件に短縮化による仕入価格の引下げを図ったらいかがですか。そのために必要な資金は当行で検討させていただきますので。

― 借入れはふやしたくないのでね。

Q わかりました。どうも本日は貴重なお時間をいただきありがとうございました。業界についても大変勉強になりました。次回に中小企業大学校や経営力向上TOKYOプロジェクトの情報を持参します。そのおり、工場をぜひ見学させてください。では失礼いたします。

Chapter 14

新規開拓先の管理と取引拡大

重要ポイント

1. 取引先管理のまず一歩は、新規融資金が当初申込みどおりの正しい用途として使われたかどうかを検証することです。

2. 取引先管理の前提として大事なのは当座預金の稼働の問題で、経常的資金の日常的な出入があれば、入金待ち、取立手形の不渡り、依頼返却の発生など異変に早く気づきます。

3. ローンレビューは継続的に効果的に行うことが望ましく、定期的な訪問による経営者との面談で定性面のチェックや試算表・資金繰り表等による定量面のチェックを行い、決算書徴求後は直ちに前期との比較・分析を行います。

4. 売上げについては、一つは数量×単価に分解して変化要因をとらえ、一つは主要な販売先別の売上変化とその要因を把握します。

5. 総利益率・営業利益率・経常利益率の変化とその要因をチェックして、改善すべき問題点を把握し指導する、あるいは粉飾をしていないかどうかを見分けます。

6. 売上債権・棚卸資産・買入債務の回転期間を算出し、その変化と要因をチェックし、資金繰り状態や回収に起きている問題点を把握し、経営に与える影響を検証します。

7. 貸借対照表の項目では、前期との大きな変化に注目してその要因をしっかりと把握し、粉飾の有無や資金繰り状態を検証します。

8. 他金融機関取引の変化として、融資条件の変更、融資残高の減少、固定預金の解約等についてモニタリングします。

9. 社内動向・工場の稼働状況等をモニタリングします。

10. 取引開始後は、日常の訪問活動や財務資料を通じて資金ニーズをいかにキャッチするか、あるいは融資提案セールスをいかに仕掛けるが取引拡大のポイントとなります。

1 融資金が正しく使われたかどうか確認する

　融資金は、いったん実行して取引先の口座に入ってしまえばどのようにも使えてしまいます。そこで、当初申込みどおりの正しい用途として使われたかどうかを検証することが、取引先管理のまず第一歩です。特に、新規開拓先においては過去のデータ・情報の蓄積がないだけに、うっかりしていると設備資金として融資したものが、運転資金に流用されてしまったり、使途は経常運転資金とのことであったが、実は他行の融資金の返済に充当されてしまったりということが起こります。たとえば、機械設備資金の場合、きちんとした見積書を徴求し、事業計画もチェックして融資を実行、かつ機械設備が工場に設置されたことを確認したにもかかわらず、半年後に倒産という事態に遭遇します。慌てて倒産の経緯等調査をしたら、設備資金として実行した融資金は、運転資金に流用されていたことが判明しました。これは、機械設備はリースにて設置したもので、金融機関の融資金は二重ローンとして運転資金に利用されたものです。このようなことを防止・チェックするために、融資金が機械設備納入業者に支払われたかどうかを、支払小切手の裏書や振込支払なら振込先を確認しておくことは最低限の管理です。できれば、納入業者の領収書の写しも徴求して確認しておけば、より確実です。経常運転資金として新規融資した場合は、まだ自行での支払手形決済が発生しないので、メイン行への資金吸上げとか、給料等の現金払、小切手による諸支払といった支払形態になります。そこで、融資日前後1週間程度の当座預金の動きをフォローし、申出使途や資金繰り予定表と突き合わせ、当初の予定どおりに使用されたかどうか検証することが望ましいことでしょう。

2 当座預金を稼働させる

　取引先管理の前提として大事なのは、当座預金の稼働の問題です。新規金

融機関では融資取引ができても、他行全面肩代りでもしない限り、当座預金はなかなか稼働しないのが普通です。当座預金が稼働するとは、融資にかかる入出金やメイン行からの振込みを除いて、売上代金の振込み、小切手・取立手形の入金、支払手形・小切手の決済、現金による入出金等が日常的に行われることです。当座預金が稼働していれば、取立手形が不渡りになったり、取立手形を依頼返却したりという事態から販売先の異変にすぐ気がつきますし、一方、支払手形は受取人から依頼返却がきたり、決済資金不足による入金待ちの発生等から融資先の異変が疑われるなど、早期に取引先のリスクをキャッチすることができます。

また、取引先・販売先のどちらかが資金繰りに窮すると融通手形が行われますので、受取手形・支払手形の突合せで発見することもできます。決算書や試算表は事後の結果なのに対し、当座預金は今現在の企業の状態を知るうえで軽視してはいけません。さもないとメイン行は取引先の異変にいち早く気づき、融資に慎重姿勢になっているときに、新規行がシェアアップのチャンスとばかり貸し込んでしまうということになりかねません。

3 ローンレビューを継続的に効果的に行う

(1) モニタリングの徹底

取引開始にあたっては慎重にローンレビュー（再調査、吟味、観察、検証等）をするのに、取引が始まり既存先になってしまうとモニタリングが甘くなります。こうなる問題点は、①定期的に決算書類を徴求しているからレビューができている、②レビューとは財務分析を徹底することだ、③自己査定を徹底しているから万全だ、④レビューは業況の悪い先など一部の取引先に行えばよい、といった姿勢にあります。

(2) 定期的に訪問・面談の実施

　定期的に訪問して経営者と面談し、定性面のチェック・ヒアリング項目および業況、経営課題等につきヒアリングをします。決算数値に偏ることなく、定性面の変化を注視することが肝心で、今後は、外部環境の動向・変化に影響を受けることが強まる傾向にあります。外部環境は、世界的景気動向、原材料不足・高騰、海外品・サービスとの競合、空洞化（海外への生産移転）加速、規制と緩和、環境対策、省エネ対応、技術革新・高度化等で過去も直面してきた課題ですが、それを内需で乗り切ってきました。しかし、人口減少、高齢化、空洞化、行財政改革の遅延から内需には期待できない現状では、優勝劣敗で不振企業は市場から退出を迫られ、一方元気な企業はより元気な企業になっていきます。

(3) 必要書類の徴求

　試算表、資金繰り表、他金融機関借入金残高表を四半期ごとに徴求し、収益やキャッシュフローの状況をチェックし、ヒアリング内容との整合性を検証します。

4　決算書を徴求時点で、過去（前期・前々期）との比較・分析を行う

(1) 売上げについて

　まずは数量×単価に分解して変化要因をとらえます。売上高は前期と同じでも、販売量増加、単価下落のケースでは、原価に変化がなければ粗利益率は低下します。このように数量×単価は利益率にも影響するので、単に売上高の変動だけをみているだけではいけません。一つは主要な販売先別の売上変化とその要因、販売先が多岐にわたる場合は、業態別、年代・男女別、固定・不特定客等別に、そしてもう一つは主要な製品・商品・サービス等別に

変化・要因を把握します。

(2) 総利益率・営業利益率・経常利益率の変化とその要因をチェックする

利益率に着目するのは、改善すべき問題点を表しているからです。特に、利益の減少要因として、販売単価の下落、原価の上昇、販売管理費の高止まり、金利負担（営業外損失）のどこに問題があるのか、その改善策の見込みがないとなれば融資の返済も懸念されます。

利益率の変化		現象要因
総利益率	上昇	単価の上昇、原価の低下、売上架空計上・仕入過少計上（粉飾）
	低下	単価の下落、原価の上昇、売上過少計上・仕入過大計上（粉飾）
営業利益率	上昇	販管費の減少、販管費の過少計上（粉飾）
	低下	販管費の上昇、販管費の過大計上（粉飾）
経常利益率	上昇	営業外収益の増加、営業外損失の減少、営業外収益過大計上・営業外費用過少計上（粉飾）
	低下	営業外収益の減少、営業外損失の増加、営業外収益過少計上・営業外費用過大計上（粉飾）

(3) 売上債権（受取手形・売掛金）、棚卸資産、買入債務（支払手形・買掛金）の回転期間を算出し、その変化と要因をチェックする

a　回転期間の変化をみる

一般的に売上げが増加すれば、売上債権・棚卸資産・買入債務も増加しますし、売上げが減少すればその逆となります。これら変化の度合いが正常なのか異常なのかは、金額増減では判別できませんが、月商に対して何カ月分なのかという回転期間でみれば明らかになります。販売先、取扱製品・商品、回収・支払条件等に大きな変化がなければ、これら回転期間・収支ズレとも大きく変化することはありません。変化がある場合は、その要因を解明する必要があります。このとき、一つ注意したいのは、数値の変化が小さい

と見過ごしてしまうことです。たとえば、月商1億円で売上債権回転期間が4.5→4.6カ月と0.1カ月上昇（買入債務回転期間に変化なし）すると、運転資金量は1億円×0.1カ月＝1,000万円必要になります。買入債務回転期間が3.8→4.0カ月と0.2カ月上昇すると、運転資金の必要量は△2,000万円（2,000万円の減少）となります。このように変化値0.1は小さくみえますが、月商を掛けて資金量として把握することが大事です。

b　回転期間の変化要因

1 売上債権の長期化：売上債権の滞留、貸倒債権の発生、販売先の資金繰り悪化による回収条件悪化、新規先獲得や押込み販売のための回収条件悪化、販売システムの変更

2 売上債権の短期化：滞留債権の回収、貸倒債権の償却、資金繰り悪化の販売先との取引解消、回収条件良化交渉の結果、販売システムの変更

3 買入債務の長期化：自社の資金繰り悪化、購入者という立場利用による運転資金の調達目的、仕入システムの変更

4 買入債務の短期化：自社の信用不安による支払短期化・現金取引を迫られる、コストダウンを目的とした支払条件の良化、仕入システムの変更

5 棚卸資産の増加：過剰在庫、不良在庫の発生、売れ筋商品の確保、商品・資材価格の高騰による仕入原価上昇対策、新製品・商品の先行した在庫投資

6 棚卸資産の減少：資金繰り悪化による在庫仕入不足、キャッシュフロー捻出のための在庫圧縮、不良・過剰在庫の処分、商品・資材価格の低下が見込まれることによる仕入抑制

(4) 貸借対照表の資産の部の項目で大きな増減（300～400万円以上）の変化に注意する

架空利益計上の粉飾決算が行われると、その分資産の部の項目が増加することが多いので、変化要因をきちんと把握することが重要となります。売上債権や棚卸資産の変化については回転期間でチェックし、それ以外の資産項目は勘定科目内訳書で変化要因を精査することが肝心です。この場合、勘定

科目内訳書の記載内容で納得してしまわないで、なぜ大きく変化したのか、その理由を経営者にしっかり確認することが大切です。

5 他金融機関取引の変化をモニタリングする

❶融資条件の変更：金利引上げ、保全強化
❷融資残高の減少：貸し渋り、貸し剥がし
❸固定預金の解約：法人のみならず、経営者個人の解約状況も可能なら把握する

6 社内動向・工場の稼働状況等をモニタリングする

a　社内動向

　事務所の雰囲気は明るいか、経営陣にモメ事は起きていないか、幹部社員・キーパーソン・従業員の動向等に異変はないか、変化がある場合はその理由を確認します。

b　工場の稼働状況

　従業員が忙しそうか、設備はフル稼働で休止している設備はないかどうか、老朽設備で故障しているものはないか、不良品が滞貨してないか、労働環境が悪化してないか、等に注目します。

7 風評に注意する

　同業者や地元の風評は当たっていることが多いものです。それは、いわゆる「火のないところに煙は立たない」ということです。営業社員、従業員等が社外で友人・仲間・取引先等に内情を話していたり、経営者自身も地元の

知人・学友に実情を吐露していたりすることもあり、これらが風評となって広まっていきます。また、その企業への納入業者は支払条件の悪化等から風評を立てることになります。

8 取引拡大

新規開拓に成功しても、それ以降は他取引金融機関も防衛してくるので、肩代わり融資もしにくくなります。そこで、日常の訪問活動のなかでいかに資金ニーズ情報をキャッチするか、あるいは融資提案セールスを仕掛けるかが取引拡大のポイントとなります。

また、確定申告書別表十六「減価償却資産の償却額の計算に関する明細書」で要償却資産の取得原価と期末現在の帳簿価額が記載されていますので、設備更新時期が近づいているのかどうかある程度推測ができます。ただし、明細書には償却資産1件ごとではなく、機械装置、車両運搬具と一括記載されることも多く、明細書を基に設備資金ニーズを打診することが必要です。

a　決算資金（中間納税資金も対象）や賞与資金

タイミングを逸さずにセールスすることで、自行に取り込める確率が高まります。

b　増加運転資金

試算表や資金繰り表の徴求時点でよく分析すれば、いつ、どのような事由（売上増加か、回転期間の変化か）により資金が必要なのかつかむことができるので、他行に先んじてセールスすることができます。

c　法人預貸率等の確保と個人取引の拡大

❶融資の拡大にあわせて預金の積上げを図り、預貸率で他行に劣後することのないように留意します。当座預金の稼働を基本として流動性預金平残のアップ、固定預金は歩積み両建てのコンプライアンス違反とならないように注意しながら受け入れていきます。固定預金は拘束しているわけではあ

りませんが、管理が容易で解約（預入・解約が常態化している場合は別）という動きにでもなれば、資金繰り悪化のサインかもしれませんので、モニタリングするうえでは一定金額を確保しておく必要があります。その他、金融機関の諸機能の売込みもありますが、企業に不要なものを無理強いしたり、支店長帯同により依頼したりすることは、「優越的地位の濫用」ともとられかねないので気をつけてください。

2 経営者一族の個人取引の主たるものは、預り資産の獲得ということになりますが、個人定期預金は経営が悪化し資金繰りに窮した場合に、企業へ投入できる資金源ともなるので、他行よりの預け替えを強力に推進すべきです。

3 職域取引としては、給振口座の獲得、職域提携ローン（住宅、消費者等）、財形預金等が考えられます。

参考資料【都道府県等中小企業支援センター一覧表】

(財)北海道中小企業総合支援センター	(財)石川県産業創出支援機構
(財)さっぽろ産業振興財団	(公財)ふくい産業支援センター
(財)21あおもり産業総合支援センター	(公財)滋賀県産業支援プラザ
(財)いわて産業振興センター	(公財)京都産業21
(財)みやぎ産業振興機構	(財)京都市中小企業支援センター
(財)仙台市産業振興事業団	(財)大阪産業振興機構
(財)あきた企業活性化センター	(財)大阪市都市型産業振興センター
(財)山形県企業振興公社	(公財)ひょうご産業活性化センター
(公財)福島県産業振興センター	(公財)神戸市産業振興財団
(財)茨城県中小企業振興公社	(財)奈良県中小企業支援センター
(財)栃木県産業振興センター	(公財)わかやま産業振興財団
(財)群馬県産業支援機構	(財)鳥取県産業振興機構
(公財)千葉県産業振興センター	(公財)しまね産業振興財団
(財)千葉市産業振興財団	(財)岡山県産業振興財団
(財)埼玉県産業振興公社	(公財)ひろしま産業振興機構
(財)さいたま市産業創造財団	(財)広島市産業振興センター
(公財)東京都中小企業振興公社	(財)やまぐち産業振興財団
(公財)神奈川産業振興センター	(公財)とくしま産業振興機構
(財)横浜企業経営支援財団	(公財)かがわ産業支援財団
(公財)川崎市産業振興財団	(財)えひめ産業振興財団
(財)にいがた産業創造機構	(財)高知県産業振興センター
(財)長野県中小企業振興センター	(財)福岡県中小企業振興センター
(公財)やまなし産業支援機構	(財)北九州産業学術推進機構
(財)しずおか産業創造機構	(財)佐賀県地域産業支援センター
(財)静岡産業振興協会	(財)長崎県産業振興財団
(財)あいち産業振興機構	(財)くまもとテクノ産業財団
(財)名古屋産業振興公社	(財)大分県産業創造機構
(財)岐阜県産業経済振興センター	(財)宮崎県産業支援財団
(財)三重県産業支援センター	(財)かごしま産業支援センター
(財)富山県新世紀産業機構	(財)沖縄県産業振興公社

《執筆者略歴》

東出　泰雄（とうで　やすお）
東出経営研究所　代表

1969年	慶応義塾大学経済学部卒業、同年4月埼玉銀行入行、浦和白幡、本川越、渋谷副都心、桶川の各支店長歴任
1997年	りそな総合研究所（株）取締役研修部長
2002年	りそなキャピタル（株）常勤監査役
2004年	東出経営研究所設立
	金融機関・企業等を中心として講演・執筆活動に従事、現在に至る。法人新規開拓・融資審査実務・病院事業・高齢者介護施設事業・経営改善実抜計画・実践的財務分析・管理者マネジメント・内部リスク管理・コンプライアンス・顧客保護の説明責任・CS対策等、幅広く指導・研修を行っている。

応酬話法で学ぶ融資渉外スキルアップ
―聞き上手・提案上手の極意―

平成24年4月20日　第1刷発行

著　者　東　出　泰　雄
発行者　冨　川　　　洋
印刷所　大日本印刷株式会社

〒160-8520　東京都新宿区南元町19
発行所・販売　**株式会社 きんざい**
　編集部　TEL 03(3355)1770　FAX 03(3355)1776
　販売受付　TEL 03(3358)2891　FAX 03(3358)0037
　URL http://www.kinzai.jp/

・本書の内容の一部あるいは全部を無断で複写・複製・転訳載すること、および磁気または光記録媒体、コンピュータネットワーク上等へ入力することは、法律で認められた場合を除き、著作者および出版社の権利の侵害となります。
・落丁・乱丁本はお取替えいたします。定価はカバーに表示してあります。

ISBN978-4-322-12100-1